广西高速公路项目建设
综合事务管理指南

Guangxi Gaosu Gonglu Xiangmu Jianshe
Zonghe Shiwu Guanli Zhinan

广西高速公路投资有限公司　主编

人民交通出版社
北　京

内 容 提 要

本书在现行高速公路建设法律、法规基础上，主要从工程建设的筹备期、建设期和收尾期三方面总结归纳了近年来广西交通投资集团有限公司高速公路建设项目综合事务管理的经验和管理措施。

本书可供广西交通投资集团有限公司所辖高速公路项目各参建单位行政管理人员参照执行，并可供同类行业行政管理人员参考。

图书在版编目(CIP)数据

广西高速公路项目建设综合事务管理指南/广西高速公路投资有限公司主编. —北京：人民交通出版社股份有限公司,2024.8

ISBN 978-7-114-18839-8

Ⅰ.①广… Ⅱ.①广… Ⅲ.①高速公路—基本建设项目—项目管理—广西—指南 Ⅳ.①U412.36-62

中国国家版本馆 CIP 数据核字(2023)第 106527 号

书　　名：	广西高速公路项目建设综合事务管理指南
著 作 者：	广西高速公路投资有限公司
责任编辑：	郭晓旭
责任校对：	孙国靖　刘　璇
责任印制：	刘高彤
出版发行：	人民交通出版社
地　　址：	(100011)北京市朝阳区安定门外外馆斜街 3 号
网　　址：	http://www.ccpcl.com.cn
销售电话：	(010)59757973
总 经 销：	人民交通出版社发行部
经　　销：	各地新华书店
印　　刷：	北京虎彩文化传播有限公司
开　　本：	787×1092　1/16
印　　张：	10.25
字　　数：	168 千
版　　次：	2024 年 8 月　第 1 版
印　　次：	2024 年 8 月　第 1 次印刷
书　　号：	ISBN 978-7-114-18839-8
定　　价：	68.00 元

(有印刷、装订质量问题的图书，由本社负责调换)

《广西高速公路项目建设综合事务管理指南》

组织编制单位：广西高速公路投资有限公司
编　写　单　位：广西高速公路投资有限公司
　　　　　　　　　各高速公路建设项目公司

编写人员

主　　编：张荫成
副 主 编：韦世明　王平恒　潘晓芳
编写人员：梁健健　刘宏昌　郑美娟　余秋平　张　娟
　　　　　　黄紫梦　李　林　余荣光　曾伟战　黄德欢
　　　　　　何宛励　黄明明　吕光军　玉光卡　王荣华
　　　　　　黄彬益　韦　剑　黄晓丹　覃志鹏　谭满凤
　　　　　　蓝株广　黄志清　王光涛　何　勤　黄卫连
　　　　　　蓝　翼　卢　燕　段柳健

前言

近年来,广西高速公路项目建设投资额度大幅增加,建设质量不断提高。为凝练总结高速公路项目建设综合事务领域管理经验和管理措施,助力后续高速公路项目更好地开展建设管理工作,推进高速公路项目建设法治化、规范化、程序化、标准化和精细化进程,广西高速公路投资有限公司(以下简称高投公司)组织编制了《广西高速公路项目建设综合事务管理指南》(以下简称《指南》)。

《指南》在现行高速公路建设法律、法规基础上,结合广西交通投资集团有限公司高速公路项目建设综合事务管理最新理念和历年建设管理经验,总结了近年来广西高速公路项目建设综合事务行之有效的管理经验和管理措施,并体现了新时代高速公路项目建设综合管理的具体要求。

《指南》按工程筹备期、工程建设期和工程收尾期三部分进行编写,可供高速公路项目各参建单位的行政管理人员参照使用。《指南》的出版,在促进广西交通投资集团有限公司产业化、专业化发展的同时,也可为区内外高速公路项目建设提供借鉴和参考。

本次编制工作得到了各项目公司大力支持和配合,在此表示衷心的感谢。书中若有疏漏和不当之处,请各有关单位、同人批评指正,及时将相关建议和意见反馈至广西高速公路投资有限公司办公室(广西南宁市民族大道 152 号铁投大厦 2719 室,邮编 530000),以便修订时参考。

作　者

2022 年 12 月

目录

第一章	工程筹备期	001
	一、公司注册	002
	二、项目驻地建设	003
	三、办公设备物资配置标准及采购	011
	四、员工住宿分配	019
	五、开工现场会	020
第二章	工程建设期	025
	一、制度建设管理	026
	二、"三重一大"工作管理	027
	三、行政管理	036
	四、会议管理	047
	五、信息化管理（OA信息化管理）	058
	六、车辆及驾驶员管理	060
	七、后勤管理	065
	八、员工食堂管理	073
	九、业务接待管理	075
	十、固定资产管理	077
	十一、档案管理	079

第三章 工程收尾期 ·· 085
　　通车现场会 ·· 086
附录 ·· 089

CHAPTER 01 第一章

工程筹备期

本章节主要介绍项目筹备期综合事务相关工作流程,主要包括公司注册、项目驻地建设等内容,详细介绍了公司注册、采购流程及项目开工现场会等相关流程。

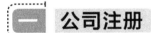 公司注册

(一)申报企业名称

登录广西壮族自治区市场监督管理局网上申报平台预核企业名称"广西××高速公路有限公司",填写出资人(集团公司名称)信息和证件号码(集团公司信用代码),生成打印《企业名称自主申报信用承诺书》(附录1),按程序报集团公司正式发文成立××公司。

注意事项:承诺书办理注册登记时要加盖集团公司公章,提交给广西壮族自治区市场监督管理局。

(二)填写《企业开办申请书》

填写《企业开办申请书》(附录2),并按要求准备相关证明资料,到广西壮族自治区市场监督管理局办理注册登记。

注意事项:申请公司办公地点,一般是由××公司领导向集团公司办公室主任汇报。需要集团公司提供一个办公室作为××公司的注册住所。经公司领导对接确认后,由××公司相关人员对接集团公司办公室秘书确认住所具体地址,根据集团公司办公室安排,向具体住所地址公司协调沟通出具××公司经营场所的使用证明(建议在经营场所证明中写明是"租用"或"无偿使用",一般是无偿使用)。证明材料含场所所有人的营业执照及不动产权证明扫描件。以上文件均加盖场所所有人(公司)的公章。

(三)准备注册登记材料原件

提交注册的所有材料均须是原件,因此在所有文件准备齐全后,涉及集团公司下文的文件需要加盖集团公司公章,进行用印申请。操作流程是:在"OA账号—审批事项—发起审批—集团公司下属单位用印申请"流程中填写用印申请,审批通过后即可到集团

公司办公室打印相关文件盖章。

(四)申请使用集团公司营业执照复印件

办理公司注册需要使用集团公司营业执照复印件并加盖集团公司公章。

(五)工商注册身份验证

所有注册资料准备好后,在办理注册之前需要提醒所有的董事、监事完成工商注册身份验证,如有董事或监事未完成验证将无法办理登记注册。

具体操作办法为:

(1)苹果用户:登录苹果软件商店—搜索"工商注册身份验证"—下载 App。

(2)安卓用户:登录广西红盾网—办事服务—身份管理实名认证—扫描二维码下载。

下载 App 后,老用户可直接输入身份证号码和密码登录,如果忘记密码,输入身份证号码后可选择其他方式(如人脸识别方式)登录。在"是否办理企业登记注册"选项,选择"是",即验证成功,每次验证有效期最长可设置为 10 个自然日。

(六)办理注册及刻章

完成公司注册,拿到营业执照后,即可请广西壮族自治区市场监督管理局工作人员现场指导完成公章刻制等工作(附录3~附录14)。

项目驻地建设

(一)选址原则

进行项目驻地选址时应综合考虑以下四个方面因素。

1. 位置合理性

便于项目管理是项目驻地选址时首要考虑的因素,一般选择线路中点附近,或以某一位置为辐射点,以便驻地到全线各工点用时相对均衡。有时出于控制性工程管理的需要,或者沿线地方政府提供更符合项目建设的有利条件,项目驻地选址会根据实际需求进行选定。

2. 综合便利性

综合便利性一般指交通出行方便、办公生活方便、社会联系方便等,影响着驻地机构日后能否高效运转。因此,驻地优先考虑在城镇中心。就综合便利性而言,选址时,驻地机构要考量以下几点:

(1)外部环境条件是否能够满足办公生活需求。

(2)与地方政府等部门对接工作是否便利。

3. 环境舒适性

环境包括内部环境与外部环境。内部环境应以干净、舒适、安静等因素为前提,能够满足员工办公、生活、文娱等方面需要,优先考虑选择独门独院,以实现办公、食宿一体化管理。外部环境应考虑社会治安良好、受环境污染小、邻里关系友好等因素。

4. 选址高效性

高效选址,往往需要发动各方面力量,广泛收集信息。地方政府具有信息量大、协调能力强等优势,可以请求地方政府根据选址条件提供多个选择方案,也可以利用和发挥与当地金融机构的互利互惠关系,多方合力实现高效选址。

(二)租赁驻地

1. 租赁驻地原则

项目驻地房屋租赁涉及双方切身利益,一般要综合考虑以下四个方面因素。

(1)手续合法性

应要求出租方出具相应合法手续,可与地方政府部门加强沟通,进一步了解房屋有关情况,确保房屋产权清晰,不存在矛盾纠纷或其他争议。签订协议时,协商、列明双方的权责关系,避免后续出现矛盾纠纷。

(2)用房合理性

租赁用房的面积以满足实际需求为出发点,结合项目人员编制,参照《党政机关办公用房建设标准》执行,并严格落实集团公司相关规定,不得超标或超豪华用房。选择租赁用房时,还应充分考虑办公与食宿、文娱的配套性和一体性,以提升员工在项目驻地的工作生活幸福感。

（3）成本节约性

租赁用房时应考量整体结构，优先考虑当地现有且符合办公生活需要条件的房屋，避免出现后期需要通过基建或深度装修才能满足办公生活条件的情况，以降低驻地租赁和使用成本。也可与地方政府商议低价或无偿提供房屋使用。若是市场租赁行为，应参考当地市场价格，或由第三方机构作出评估价。

（4）平衡互利性

指挥部可发挥高速公路建设自身的有利条件，依靠当地政府部门的优势，遵循互惠互利的原则在选址、租金及其他服务方面带来有利的条件。

结合以上选址原则选择不少于两处进行比选。通过初步洽谈，从各自优势与不足进行分析，草拟《××至××项目指挥部驻地设置方案》（范例一）。选址方案应包含各处选址租金的初步洽谈结果，需要装修的，把装修预算写入方案内，以便于合理性、经济性比选。

范例一

××至××项目指挥部驻地设置方案

方案一：办公、食堂合一，住宿分开方案

（一）办公用房：租赁A单位办公楼2、3、6层作为办公用房，其中2楼有办公室8间、小会议室1间，3楼有办公室11间、小会议室1间，6楼有办公室3间、大会议室1间。

（二）宿舍用房：安排在B酒店8~11层，每层有7间住房，共28间。

（三）员工食堂：沿用A单位办公楼旧食堂。

（四）租赁及装修费用：预计××万元，其中租赁费用×万元/年，装修费用×万元。

该方案优点：

(1)办公、住宿、食堂条件完善，只需简单装修即可投入使用，装修费用少。

(2)办公、住宿用房充足，同时能够满足项目全过程建设人员需要。

(3)地理位置处于县城中心,综合便利性较好。

该方案缺点:

(1)办公和住宿分离,距离约1000米,便利性略差。

(2)办公和住宿均靠近县城主干道,噪声影响大;宿舍背后山坡坟山多,给后排宿舍人员带来一定心理影响。

(3)食堂由于现场条件限制,无法设立15人以上包厢。

方案二:办公、住宿合一,食堂分开方案

(一)办公宿舍用房:租赁A单位办公楼2~6楼作办公住宿用房。具体安排如下:

2楼:共有房间9间、小会议室1间,可满足6个部门、设计代表、中心试验室办公需求。

3楼:共有房间11间、小会议室1间,可满足5位领导办公需求,其余房间可用作宿舍7间或预留项目二期建设增加人员办公使用。

4楼:共有房间11间和小会议室1间(隔墙改造),可提供12间或13间宿舍。

5楼:共有房间11间和小会议室1间(隔墙改造),可提供12间或13间宿舍。

6楼:共有房间3间和大会议室1间,可提供宿舍3间。

7楼:楼顶为半层,房间1间可用作健身房,露台可用做衣服晾晒区。

(二)员工食堂:沿用A单位办公楼旧食堂。

(三)租赁及装修费用:预计××万元,其中租赁费用×万元/年,装修费用×万元。

该方案优点:

(1)办公、住宿一体化,便利性比方案一好,便于管理。

(2)能提供办公室14~22间,宿舍26~33间,可调整空间大。

(3)办公、住宿用房充足,能够满足项目全过程建设人员办公和住宿的需要。

该方案缺点：

(1)靠近县城主干道,噪声影响大。

(2)A单位办公楼5层目前是C单位在使用,计划6月搬离,影响指挥部进驻时间。

(3)将该办公楼用作住宿,征得地方政府同意该方案有困难。

(4)食堂由于现场条件限制,无法设立15人以上包厢。

方案三：办公、住宿、食堂合一方案

租赁C酒店7~12层作为办公、住宿和食堂用房,具体安排如下：

(一)用房情况

7楼：共有房间15间,可满足6个部门、设计代表、中心试验室和小会议室需求。

8楼：房间12间、大会议室1间,其中5间预留领导办公,7间留用宿舍。

9楼：房间7间,供宿舍使用。

10楼：房间7间,供宿舍使用。

11楼：房间7间,供宿舍使用。

12楼：设置饭堂使用,可提供30人内就餐餐厅1间,15人就餐大包厢1间,10人就餐小包厢1间。

(二)租赁及装修费用：预计××万元,其中租赁费用×万元/年,装修费用×万元。

该方案优点：

(1)实现一体化管理,便利性较好。

(2)现有办公和住宿完备,装修投入小,进驻进度快。

(3)办公用房27间、宿舍28间,完全满足办公生活需求。

该方案缺点：

(1)靠近县城主干道,噪声影响大。停车场空间小,停车困难。

(2)该酒店二楼经营网吧,相互干扰；大楼门面小,不利于展现指挥部社会形象。

(3)酒店内部空间局促,易使工作人员产生压抑。

2. 租赁驻地具体实施步骤

(1) 合同谈判。项目综合部牵头各部门人员代表组成谈判小组与对方进行谈判,就租金、租期及将来通车后租赁面积变化等方面进行谈判磋商,做好谈判纪要。

(2) 合同立项。因项目前期筹备暂未成立项目公司,尚无法人资质,合同立项需要通过高投公司走办公自动化(OA)流程审批并代为签订合同(附录15)。

(3) 合同主体变更。项目公司成立后,以法人身份与出租方及高投公司签订合同主体变更。此后,由项目公司跟进合同履约。

(4) 前期由高投公司垫付租金部分,需由项目公司财务与高投公司财务对接列账处理。

(三)自建驻地

1. 自建驻地的方案设置

如果高速公路项目建设周期较长、地方政府供地快,可以充分利用建设高速公路有利条件,与政府谈判,通过划拨方式取得项目管理中心用地,先行建设高速公路运营管理中心,由项目公司先行使用。选址用地时,应邀请运营公司、实业公司人员共同参与,听取他们的意见和建议,以满足项目建设与运营管理双重需求。若采取自建形式,方案应包含地块位置、面积、可行性分析等内容,并综合考虑建设期及运营期的实用性。业务部门将拟好的方案呈筹备组(指挥部)领导班子会讨论,并做好相关记录核备。将方案和讨论结果报上级领导和主管部门审核,征得上级部门同意后开展下一阶段工作。

范例二

××至××项目驻地设置方案

(一)建设项目运营管理中心规模

(1) 办公用房:××间。

(2) 宿舍用房:××间。

(3) 员工食堂:自助餐大厅1间,接待包厢2间。

(4) 会议场所:可容纳100人大会议室1间、容纳30人小会议室1间。

(5)停车场地:可满足15辆以上车辆停车需求。

规模可满足项目公司办公、住宿使用,预计地方政府交付用地时间×月,工程施工时间×月,项目公司移交运营公司前可使用时间×月,具备可行性。

(二)该方案优点

(1)节约项目公司租赁临时驻地费用预计×万元。

(2)可为项目公司员工提供更为优质、独立、安全的办公及住宿场所,提升员工的幸福感。

(3)可为高速公路开通试运营前人员入驻、监控设施、办公设备进场提供充裕时间。

(4)项目公司使用运营管理中心时采购的部分办公、生活设施设备可移交运营公司使用;同时,项目公司在使用过程中,可针对房建工程设计存在的不足进行优化完善。

(三)该方案缺点

(1)不利于推进项目前期工作。运营管理中心用地开始报批到建成投入使用,至少需要1年时间,这对项目前期快速进驻现场、推进实质性开工造成不便。

(2)不利于运营公司提前进驻。项目建成通车时,项目公司人员需要继续办理收尾工作,与此同时,运营管理人员需要提前进驻,将导致用房需求存在重叠,造成用房拥挤情况。

(3)运营管理中心装修后空置时间较短,存在装修气味较浓等情况。

(4)运营管理中心距离县城中心较远、周围配套设施不足,员工业余时间外出不够便利。

2. 自建驻地的办理程序

自建驻地的办理程序:选定驻址→报建申请→用地报批→设计方案→组织施工→投入使用。

(1)按照路线设计及运营管理中心用地要求,尽量在工程可行性研究(以下简称"工可")批复或初步设计批复后,对接属地政府选定高速公路建设运营管理中心用地、优先办理供地手续,争取由地方政府推进运营管理中心征地拆迁工作,加快土地交付。

（2）按照房建工程标准化设计要求，全线房建工程设计过程中，征求运营公司、实业公司意见，指导设计单位优化房建设计。

（3）施工图设计报批前，将项目房建工程报集团公司审查，集团审查后进行优化，开展施工图设计报批工作。

（4）施工单位招标完成进场后，优先组织运营管理中心施工，针对设计可能存在的不足，在施工过程中组织运营公司、实业公司、施工单位、监理单位、设计单位进行现场办公，进一步优化房屋布局、功能划分、材料选用等。

（5）运营管理中心施工验收交付后，对接地方相关单位开展用水、用电、用网等工作。

（6）开展驻地搬迁工作。

（四）项目驻地装修

1. 基本水电改造

水电改造涉及强电和弱电部分、给水排水和排风、空调外机、厨房排烟管道等方面。

（1）根据办公和生活家具家电布置需要，计算每个区域的用电功率，做好走线设计，以便确定电线规格和电路改造费用核算。

（2）设计好每个区域排水给水走线，以便确定管材用量和改造费用核算。

（3）确定空调功率、内外机位置，以便考虑空调孔开凿及空调排水管布置。

（4）如卫生间有窗，可不考虑排气管设计；若卫生间无窗，则考虑在吊顶处预留 $\phi 60mm$ 的排气管孔。

2. 厨房装修

（1）根据项目人员数量进行厨房装修，确保厨房面积满足设备放置需求。

（2）由项目主厨实地规划厨房各设备安装位置、干湿操作区位置、仓储区位置，灶台区域设计应考虑排风管道安装和燃气使用的安全性要求。

（3）厨房需做好排水和防水。做好排水地沟后，要在铺地板砖前做好48小时试水工作。

（4）厨电设备采购。根据相关制度规定采取公开招标、邀请招标或非招标采购方式采购。

3. 空调、电视等电器采购及安装

（1）根据相关制度规定采取公开招标、邀请招标和非招标采购方式采购。采购标准根据办公室房间面积及《广西高速公路投资有限公司关于明确高速公路建设单位有关费用标准的通知》(桂高投发〔2019〕327号)文件要求执行。

(2)如果在夏季进行空调采购安装,应在合同谈判时明确空调交货及安装调试时间,避免空调销售旺季对安装造成的影响。

4. 装修方案及装修公司确定

(1)根据需要草拟装修方案,由领导班子讨论确定。

(2)根据消防需要,人员密集场所装修需要进行消防备案,具体到当地政务服务中心办理。

(3)根据确定的装修方案编制工程报价。

(4)根据工程报价及相关制度选择采用招标或非招标方式确定装修公司。

5. 装修合同立项

装修公司确定后,与装修公司洽谈装修合同,并提交项目筹备组(指挥部)领导班子讨论确定后开展合同评审工作。

6. 装修验收

根据装修合同协议书(附录16)内容组织各部门人员代表组成验收小组,对装修进行验收,签字确认后,方可按合同约定走付款流程。

(五)项目驻地网络、水电办理

1. 网络办理

根据项目具体需求及当地网络类服务供应商具体业务进行比对选择。建议可以考虑三网融合方案,即网络+电视+电话三合一的方案。例如,中国电信、中国移动和广西广播电视网络等。联系各运营商企业客户专员提供方案,提交项目筹备组(指挥部)领导班子讨论确定。

2. 水电办理

如采用租赁形式,前期项目公司尚未成立无法人资格时可由租赁方协助到相关营业厅开户办理水电开通业务,待项目公司成立后再进行相应变更。

 办公设备物资配置标准及采购

根据人员编制情况,计算出所有需采购的办公设备数量,采用招标或非招标方式。

采购标准根据《广西高速公路投资有限公司关于明确高速公路建设单位有关费用标准的通知》(桂高投发〔2019〕327号)文件要求执行(个别费用上限价可根据市场价格实际情况及实际使用要求进行调整,以上级单位批准预算为准);采购方式、审批及实施流程等根据《广西交通投资集团有限公司招标管理办法》《广西高速公路投资有限公司非招标方式采购管理办法》有关规定执行。所有物品采购均在上级批复的预算范围内执行。

(一)配置标准

各项目结合工作需要和当地消费水平,可参照以下物品清单进行配置:

1. 办公家具、空调

(1)办公桌椅

部门人员每人1张普通办公桌(可带副柜),1把电脑椅。

(2)沙发和茶几

①部门领导每人1套沙发、1个茶几。

②每个部门1套沙发、1个茶几。

(3)书柜

部门所需书柜按部门实际需求配置。

(4)保险柜

重要部门可根据需要配备保险柜。

(5)会议室家具

①会议桌1个,大小应视会议室面积而定。

②会议椅数量根据实际需要配置。

③投影仪1套。

④会议室电视1台。

(6)办公空调

①空调数量按办公室、会议室和食堂数量配置,功率大小按照房间使用面积相应确定。

②房间使用面积为30平方米(含30平方米)以下的,可配置挂机1台。

③房间使用面积为 30 平方米以上的可配置柜机 1 台。

④会议室结合实际,可配置柜机。

2. 办公自动化和电子设备配备及标准

(1)台式计算机

部门人员每人 1 台,每台 4800 元以内。

(2)手提计算机

每个部门 1 台,每台 6500 元以内(计算机包、鼠标)。

(3)摄像机、照相机

每个项目结合实际需要配备 1 台摄像机(含配件),13000 元以内;1 台无人机(含配件),20000 元以内;1 台照相机(含镜头),35000 元以内。

(4)复印机

每个项目 2 台,A3、A4 可双面复印,每台 25000 元以内。

(5)A4 打印机

部门人员原则上为每 2 人 1 台,每台 2000 元以内。

(6)激光双面彩色打印机

每个项目可结合实际需要采购 1 台,6500 元以内。

(7)会议室音响

每个项目 1 组,55000 元以内。

(8)扫描仪

扫描仪 1 台,6000 元以内。

(9)传真机

结合实际配备,每台 2400 元以内。

(二)采购方式

分为招标或非招标采购方式。

1. 招标采购

公司采用公开招标和邀请招标方式采购的,采购程序按国家招投标法律法规及《广西交通投资集团有限公司招标管理办法》的规定执行。

2. 非招标采购

采用非招标方式采购的,根据《广西高速公路投资有限公司非招标方式采购管理办法》规定执行。公司非招标方式采购主要包括竞争性谈判、询价、单一来源采购、直接谈判、零星采购等。

非招标采购方式的选择:

(1)单项合同金额估算在30万元以上的,应采用竞争性谈判或询价方式采购:

①非工程建设项目单项合同估算价在100万元人民币以下。

②应当招标的项目,因特殊情况经报请集团公司审批同意选择竞争性谈判或询价方式定价的。

同一采购事项中可以合并进行的合同估算价合计达到30万元以上的,应采用竞争性谈判或询价方式采购。

(2)未达到招标限额标准,且符合下列情形之一的,采用单一来源采购、直接谈判、零星采购:

①只能从唯一供应商处采购的。

②发生了不可预见或特殊情况,不能从其他供应商处采购的。

③必须保证原有采购项目一致性或者服务配套的要求,需要继续从原供应商处采购的。

④单项合同金额估算价在30万元以下的项目,考虑采购成本、采购时间效率等因素,可以采用直接谈判方式采购。

⑤单项采购金额不超过3万元,且不易形成批量的,可以采用零星采购方式采购。

(3)非招标采购项目应当优先选择竞争性谈判或询价等竞争性采购方式,谨慎选择单一来源采购、直接谈判、零星采购方式。

(三)采购实施流程

1. 竞争性谈判采购流程

(1)制定竞争性谈判文件

采购承办部门制定竞争性谈判文件,由采购部门负责人审核,经公司财务部、法律事务部(或负责法律事务的部门)及其他相关部门会签后,按相应的审批权限,签报公司领导审批。竞争性谈判文件主要内容包括:采购需求、采购控制价、谈判程序、谈判内容、评定标准、合同草案(或主要合同要素)等。

(2)发出公告或邀请

采购承办部门通过发布公告或经初步筛查后,邀请3家以上符合相关资格条件或采购要求的供应商参与竞争性谈判,并向其提供竞争性谈判文件。

(3)成立竞争性谈判小组

采购承办部门组织成立竞争性谈判小组,成员为3人以上的单数,原则上由采购承办部门和相关部门或项目公司(筹备组)专业人员组成。采购承办部门的人员不得多于成员总数的1/3。

(4)组织实施谈判

①采购承办部门按竞争性谈判文件规定的时间、地点接收供应商的响应文件。

②采购承办部门组织谈判小组对供应商提交的响应文件的有效性、完整性及对竞争性谈判文件的响应程度进行审查。未对竞争性谈判文件作实质性响应的供应商,不得进入下一步的具体谈判过程。

③谈判小组全体成员集中与参加谈判的供应商分别进行谈判,并给予所有参加谈判的供应商平等的谈判机会。

④谈判中谈判内容发生变动的,谈判小组应以书面形式通知所有参加谈判的供应商,供应商应对谈判内容的变动作出书面响应。谈判变动实质性内容的,谈判小组应先获得公司原审批人同意后才能与供应商进行谈判。

⑤谈判过程中,谈判小组根据供应商的报价及谈判情况,可多次按照③、④进行。

(5)编制评审报告

谈判小组应根据竞争性谈判文件确定的评审办法及成交标准,对供应商提出的最后报价及承诺进行评审,编制竞争性谈判评审报告,并推荐拟成交供应商。评审报告应经谈判小组全体成员签字。

(6)成交结果认定

采购承办部门填写《广西高速公路投资有限公司非招标方式采购管理办法》相关表格,并附竞争性谈判评审报告等采购过程资料,根据审批权限签报公司领导审批确定成交供应商。

（7）发出成交通知书

公司领导审批后，采购承办部门向成交供应商发出成交通知书，同时将成交结果通知未成交供应商。

（8）合同签订

根据确定的成交结果，采购承办部门按程序组织完成合同的签订。

（9）采购失败处理

若提交有效响应文件的供应商少于3家，应变更受邀单位名单后重新组织；重新组织仍然失败的，重新履行非招标内部采购程序后可选择直接谈判的采购方式进行。

2. 询价采购流程

（1）制定询价文件

承办部门制定询价文件，由采购部门负责人审核，经公司财务部、法律事务部（或负责法律事务的部门）及其他相关部门会签后，按照审批权限签报公司领导审批。询价文件应包括采购需求、询价控制价、评审办法、合同草案（或主要合同要素）等。

（2）发出公告或邀请

采购承办部门通过发布公告或经初步筛查抽取方式，邀请3家以上符合相应资格条件的供应商参与询价，并向其提供询价文件。

（3）成立询价小组

采购承办部门组织成立询价小组，成员人数为3人以上的单数，原则上由采购承办部门和相关部门或项目公司（筹备组）专业人员组成。采购承办部门的人员不得多于成员总数的1/3。

（4）组织实施询价

①采购承办部门按询价文件规定的时间、地点接收供应商的响应文件。

②采购承办部门组织询价小组成员依据询价文件要求和评审标准，对供应商提交的响应文件进行评审，推荐成交候选人排序。若提交响应文件的供应商少于3家，应重新组织询价。

（5）编写询价评审报告

谈判小组应根据询价文件规定的报价方案和评定标准，按照符合采购需求且质量、报价和服务综合评议最优的原则进行评审,编写询价评审报告,推荐成交候选人排序。询价评审报告应经询价小组全体成员签字。

(6)成交结果认定

采购承办部门填写《广西高速公路投资有限公司非招标方式采购管理办法》,并附询价评审报告等采购过程资料,根据审批权限签报公司领导审批确定成交供应商。

(7)发出成交通知书

公司领导审批后,采购承办部门向成交供应商发出成交通知书,同时将成交结果通知未成交供应商。

(8)合同签订

根据确定的成交结果,承办部门按程序组织完成合同的签订。

(9)采购失败处理

第一次采购失败,采购承办部门在分析失败原因并采取相应措施后重新采购;重新采购仍然失败的,在重新履行非招标采购内部流程后可选择直接谈判的采购方式进行。

3. 单一来源采购、直接谈判采购流程

(1)编制采购文件

采购承办部门制定采购文件,采购文件应当明确采购内容与数量、技术与商务要求、合同条款与格式、报价格式与要求、评定成交标准以及谈判日程安排等内容。

(2)发出公告或邀请

采购承办部门向单一来源采购供应商,或经筛查后向拟定的供应商发出谈判邀请。

(3)成立谈判小组

采购承办部门组织成立谈判小组,成员人数为3人以上的单数,原则上由采购承办部门及相关部门或项目公司(筹备组)专业人员组成,采购承办部门的人员不得多于成员总数的1/3。

(4)组织实施谈判

供应商提交有效响应文件或应邀参加谈判后,采购承办部门组织谈判小组成员与供应商进行谈判,确认谈判对象的技术商务条件以及报价等事项。

(5)编写谈判纪要

谈判小组根据谈判评审情况和供应商的最后报价,按照符合采购需求、质量和服务满足采购文件要求且价格合理的原则,编写谈判纪要。

(6)确定成交供应商

采购承办部门依据谈判纪要,根据审批权限签报公司领导审批确定成交供应商,并向供应商发送成交通知书。

4. 零星采购流程

(1)实施采购工作

零星采购由综合部负责实施。综合部发起费用开支审批,在表单中列明采购事由、金额、方式等内容,结合采购项目需求情况和特性,在采购时应综合考虑"质量、价格、售后"等因素择优选择供应商;如有必要,可采用货比三家等形式实施采购。

(2)成交结果认定

部门根据审批权限签报公司领导审批确定成交供应商。

(四)办公设备(用品)管理(非固定资产)

办公用品(非固定资产)是指为方便日常办公配备的各类价值较低或使用期限较短的,单位价值在2000元以下(不含2000元),用于行政办公的主要设备物品。

1. 办公用品(非固定资产)的申请

各部门临时采购的急需办公用品或者超出半年计划范围的办公用品,由所在部门提出申请,并备注急需采购或超出计划的原因,经部门负责人、综合部负责人签字,分管领导审批后,交综合部统一购买。

新入职员工在入职当天发放配套的办公用品,如在入职后一个月内辞职,须将领取的办公用品全部退回。

各部门应在每年年末向综合部申报下年度办公设备(用品)需求,由综合部汇总编制年度办公费用预算计划,并按批准的年度办公费用预算,确定采购计划。

公司各部门分别在每月10日前,根据部门实际需要填写《××高速公路有限公司部门办公设备(用品)需求表》(附录17),经部门负责人、综合部负责人签字,分管领导审批后,交综合部统一购买。

各部门需要增加办公设备(用品)的,按流程审批完成后,由综合部负责组织采购。

2. 办公用品(非固定资产)的入库

办公用品入库前须进行验收,对于符合规定要求的,由综合部、仓库管理人员共同对办公用品进行验收,仓库管理人员负责登记《入库验收单》(附录18),对不符合要求的,由综合部负责办理调换或退货手续。

3. 办公用品(非固定资产)的发放管理

公司各部门领取办公设备(用品)须填写《办公设备(用品)领用登记表》(附录19),注明办公用品品名、数量、领用日期、领用人,待填写完整无误后,经综合部签字后方可领取。办公用品使用、领用要严格执行以旧换新制度,以最大限度地节省、节约,控制日常办公成本。

四 员工住宿分配

为合理安排好员工住宿,为员工提供一个舒心的住所,现拟定员工宿舍分配方案如下:

(一)基本思路

原则上按照"大稳定,小调整"思路,结合员工岗位、性别等因素综合考虑进行分配,原则上每间宿舍住1人。

(二)分配条件

凡入住人员,须是本单位职工,任何员工不得转让给外单位人员入住。

(三)分配原则

宿舍分配由公司综合部统筹,结合实际参考4个原则进行分配:
(1)考虑按职级顺序选择宿舍。
(2)为便于集中管理及员工人身安全,原则上女性安排住同一楼层,或相邻房间。

(3)考虑先到先选及综合部统筹安排确定房间,先进场人员先行选择宿舍,后续进场员工在剩余房间中选择。

(4)经员工双方协商同意,可调酌情换员工宿舍,并报备综合部。

五 开工现场会

(一)选定开工现场会地址

按照项目设计线路图,在沿线选择交通便利出行及场面视野开阔的场地。选址可借助当地政府资源协助选定,筹备组可初选1~2个意向地址报高投公司及集团公司同意后方可租用和平整场地。开工现场会平面示意图如图1-1所示。

图1-1 开工现场会平面示意图

(二)撰写请示文(代拟稿)及拟订现场会方案

撰写开工现场会请示(附录20),并附上具体开工现场会方案(附录21)。方案中需明确时间(届时以上级单位批复为准)、地点、参加人员、日程、其他事项等。

(三)做好开工现场会职能分工

根据开工现场会要求,项目筹备组要制定《高速公路开工现场会分工安排表》(附录22)。明确工作职责及具体内容,责任到人,限时落实。具体分为以下几个小组:现场指挥部、保障组、现场布置组、资料组、接待组、宣传组等,各小组可结合实际需要调整分工。

(四)邀请函

开工项目根据情况拟定开工现场会邀请函初稿(附录23)报高投公司办公室审核后,报集团公司套打函件。由开工项目派专人对接发函并收集《参会回执表》(附录24),跟踪落实具体出席人员名单及做好接待工作。

(五)撰写领导讲话稿或致辞稿

讲话稿分为领导讲话稿和领导致辞稿。领导讲话稿一般由到场上级领导发言时使用,领导致辞稿一般由集团公司及项目沿线地方政府代表发言时使用。

(六)开场词和主持词

撰写开场词(附录25)和主持词(附录26)。会议召开前指定一名场外人员进行开场,由其邀请主席台领导入场并介绍主持人。

(七)会议现场布置

现场布置内容包括选定广告公司、平整场地、搭设主席台、横幅桁架、嘉宾室或休息室,施工车辆、水电、音响、展板、嘉宾室或休息室接待物品、移动卫生间等布置,车辆停车区、领导站位图、方块队站位的区域划分等。

1. 选定广告公司

结合就近原则,选定当地有实力、有能力、有经验、口碑好的广告公司,优先选择与地方政府有良好合作关系的广告公司。与广告公司明确服务内容、备料清单、时限要求等,及时签订合同。

2. 场地布设

结合选址的地形地貌、地理环境等平整场地,有必要时铺上碎砂石。在有边沟或坡度的地方设置安全护栏和警示标志,场地四周插上集团公司标志的刀旗,尽可能营造安全、整洁、有序的现场环境。

3. 停车区域划分

停车区域应远离会场中心,以场地实际面积划出停车车位,并安排专人指挥停放。

4. 搭设主题横幅及宣传横幅架子

根据场地布局,选定主题横幅和宣传横幅的位置,搭架升降式桁架。为确保横幅的平整度,桁架横幅背后必须安设板材,主题横幅原则长度为15~18米,高为1.5米,红底黄字,字体为黑体字,字体大小结合现场桁架长度比例设定,以大方美观为主。宣传横幅搭设高度要低于主题横幅,字体、宽度不能超过主题横幅。为确保桁架的安全、稳固,需做好相关加固措施。广告公司在搭设桁架时,必须做好施工安全交底工作,现场作业人员必须佩戴安全帽、反光服、安全绳,不得穿拖鞋作业。施工现场摆放醒目的安全标志,确保施工安全,现场施工尽量安排在白天施工,原则要求提前一天验收。

5. 宣传板报的摆放

板报架、宣传内容由高投公司党群部统一规定样式、尺寸和审核相关内容。宣传板报的位置摆放要结合开工现场会位置,原则以嘉宾下车点右侧为起点按顺序摆放。架子确定摆放位置后,结合室外环境,必须进行加固处理。

6. 搭设嘉宾室或休息室

可根据场地实际进行搭设嘉宾室或休息室,要求搭设桁架式棚,高度、长度以舒适为主。现场所搭设的棚顶、台布等要求以红色为主,整洁无损坏,嘉宾室和休息室摆放6~8张小圆桌,摆放4张黑色折叠椅子。

7. 确定主席台及方块队站位图

根据参会人数划定站位个数,主席台横间距不少于1米。方块队横间距1.5米,竖间距不少于1米。为便于新闻媒体拍摄照相,需在方块队后搭设记者拍摄台,高度为80~100厘米,铺设地毯和台阶。

(八)开工现场会整体示意图

领导排位确定1号位后,以其左为尊进行排位。整体示意图如图1-2所示。

门架									
(主席台领导站位)									
9	7	5	3	1	2	4	6	8	10

嘉宾方块队

摄影区

图1-2　开工现场会站位平面图

CHAPTER 02　第二章

工程建设期

一 制度建设管理

(一)制度建设和管理基本原则

制度建设和管理遵循以下基本原则:

(1)系统、规范原则。学习最新政策法规及上级单位最新规章制度,确保公司规章制度符合政策法规要求,既要对涉及公司经营管理的行为作出全面规范,又要让集团公司与各项目公司、企业各系统之间的制度相互衔接、相互支撑,让集团公司及项目公司的制度形成完整的体系。

(2)统一、齐备原则。所有制度的格式、内容、体例、行文按公司统一标准,制度涉及的流程、表格等要配套齐备。

(3)务实、落地原则。制度建设和管理的职责分工明确,责任到位,程序、管理流程明晰,更新、监督、检讨机制健全,确保制度能落地执行。

(二)制度体系

制度体系由制度、规定、办法三个层级构成。制度体系中的三个层级为上下位阶关系,下一层级不能与上一层级相冲突,特殊情况下,可先制定下一层级的规定或办法。

1. 制度层

制度是指对某一领域(业务板块)工作的基本理念、基本体制、基本原则、基本程序等进行总体规范。原则上一个领域(业务板块)的工作只建立一项统领性制度。

2. 规定层

规定是指在制度之下对工作范围内相对独立的、较大的工作进行规范。

3. 办法层

办法是指对落实规定的具体工作流程、标准、要求、守则等进行规范。

(三)制定公司规章制度具体步骤

(1)成立公司制度审查委员会:包括但不限于公司各领导、各部门负责人及公司法务人员(如有)。

(2)各部门参照上级单位统一的制度清单及规范性样板拟定相关管理制度。

主办部门需提交制度经制度委员会审查,通过OA审批流程后,报请公司总经理办公会、党委会、董事会审核。

(3)审核通过后以正式文件下发至公司各部门认真学习贯彻。

(4)如结合项目特点需新增制度的,由相关部门初拟规章制度,经本部门全体人员共同研讨无误后报部门分管领导审核。

(5)经分管领导审核后按(2)、(3)执行。

(四)审批权限

审批权限主要包括:

(1)制度经分管领导审核同意后,由主办部门(单位)按程序经公司制度审查委员会审核,提交公司党委会研究后,报董事会审议批准。

(2)规定、办法经分管领导审核同意后,由主办部门(单位)按程序经公司制度审查委员会审核,提交公司总经理办公会审议批准。

二 "三重一大"工作管理

为规范项目公司领导班子决策行为,提高决策水平,防范决策风险,保证企业科学发展,各公司按照有关法律法规、公司章程的规定和要求贯彻落实"三重一大"事项决策制度。

(一)"三重一大"决策机构

各项目公司党委会、董事会、总经理办公会等决策会议根据各自的职责、权限和议事规则,对职责权限内的"三重一大"事项作出集体决策。

(二)"三重一大"事项的决策必须遵循的原则

1. 坚持依法决策原则

遵守国家法律法规、党内法规以及企业相关规定,保证决策内容和程序合法合规。

2. 坚持科学决策原则

以科学发展观为指导,加强调研论证和综合评估。有效防范决策风险。增强决策的科学性,避免决策失误。

3. 坚持集体决策原则

根据职责、权限和议事规则,对"三重一大"事项进行集体讨论和表决,避免个人或少数人专断,坚持民主决策。

4. 执行民主集中制原则

根据职责、权限和议事规则,对"三重一大"事项进行民主决策,充分发扬民主,发挥每个参与决策人员的作用,按照少数服从多数的原则作出决定,对涉及职工群众切身利益的重大事项,应当听取职工群众的意见和建议。

(三)"三重一大"决策范围

项目公司"三重一大"事项决策主要包括重大决策、重要人事任免、重大项目安排和大额度资金的使用。项目公司参照上级单位有关议事规则和决策事项权限清单并结合公司管理实际,制定本公司党委会、董事会和总经理办公会(以下简称总办会)的议事规则,具体研究审定事项可参照如下,其他议事内容根据本公司议事规则执行。

1. 党委会研究范围

(1)党委会研究决策以下重大事项:

①学习党的路线方针政策和国家的法律法规,上级党委和政府重要会议、文件、决定、决议和指示精神,研究贯彻落实措施和落实监督检查工作。

②研究决定加强和改进党的政治、思想、组织、作风、纪律建设等有关工作,党内重要制度、规章的制定、修改和废止。

③研究决定公司党委的年度工作思路、工作计划等,以党委名义部署的重要工作、重要文件、重要请示及报告,审定各党支部提请议定的重要事项等。

④研究决定党委工作机构和下属党支部的设置、调整和撤并以及党员队伍建设方面的重要事项;召开党员大会的有关事项,提出新一届党委候选人预备人选,讨论通过党委工作报告。

⑤坚持党管干部、党管人才的原则,按照干部管理权限和有关规定,公司中层管理人

员动议、推荐、考察、任免(提名、委派)、调动以及奖惩等事项;对外推荐初步人选,包括优秀干部人选、挂职干部人选、参加上级党代会代表人选及人大代表、政协委员人选等;动议指在民主推荐前提出启动干部选拔任用意见,形成选拔任用职位、条件、范围、方式、程序等初步建议和工作方案的工作。

⑥研究决定公司董事会、经理层、党委、工会和共青团班子建设、人才队伍建设、后备干部队伍建设的规划、计划及主要措施。研究公司人才规划、人才管理及人才年度工作要点及计划等。

⑦研究决定党风廉政建设和反腐败工作,落实党风廉政建设主体责任,听取和审议公司党风廉政建设情况汇报,审议对违纪党员处理建议。

⑧研究决定公司党内先进集体、个人和公司先进集体、个人以及党的建设、精神文明建设、思想政治工作等方面的评选、表彰和推荐上报。

⑨研究决定公司思想政治建设、意识形态工作、职工队伍建设、精神文明建设、统战工作、群团工作、文化建设、乡村振兴、安全生产、信访维稳等方面的重大问题。如具有全局性、统筹性的工作规划和措施等,重大舆情研判及应对、涉及群体性上访等维稳工作处置、涉及人员伤亡的突发性事故等。

⑩审议公司工会、共青团等群团组织年度重点工作,听取工会、共青团等群团组织的年度工作报告,审议群团组织提请党委审定的事项。

⑪研究需由党委集体决定的其他事项。

(2)党委会前置研究以下重大事项:

①公司生产经营方针、发展战略规划、职能发展规划及重要专项规划。

②公司章程制订和重要修订,重大基本管理制度,包括"三重一大"决策、投资、担保、资产交易、绩效考核、人事、财务管理、授权管理以及责任追究等重大管理制度的制定和重大修订。

③人才规划、公司机构设置、公司经理层及以下人员的管理等人力资源管理。

④公司经营范围变更、年度投资计划、增减注册资本金、资本运作方案、变更公司形式等投资管理。

⑤公司年度资金计划、年度财务预算、决算方案事项、内部资产处置、设计变更、合同变更等财务管理。

⑥安全风险管理。公司在安全生产、维护稳定等涉及政治责任、社会责任方面采取的重要措施。

⑦公司董事会年度工作报告、年度投资项目后评价计划及报告、年度工作报告及其他重要报告。

⑧其他需要由党委会前置研究的事项。

2. 董事会决定范围

(1)向出资人报告工作。

(2)执行出资人的决定。

(3)制订项目公司年度财务预算方案、决算方案。

(4)制订项目公司的年度经营计划和年度投资计划,并执行集团公司投资管理办法。

(5)制订项目公司的利润分配方案和弥补亏损方案。

(6)确定应由董事会决定的对外投资、融资事项额度,批准对管理层授权额度以上的对外投资、资产处置以及融资事项,并批准出资人规定限额以下的资产处置。

(7)确定对项目公司所投资企业重大事项的管理原则。

(8)制订项目公司增加或者减少注册资本以及发行项目公司债券或其他证券的方案。

(9)制订项目公司合并、分立、变更项目公司形式、解散和破产的方案。

(10)制定公司章程草案和公司章程的修改方案。

(11)决定项目公司内部管理机构的设置。

(12)在出资人授权的前提下,决定聘任或者解聘项目公司总经理及其报酬事项,并根据总经理的提名决定聘任或者解聘项目公司高级管理人员及其报酬事项,并对高级管理人员进行检查和考核;及时向出资人报告董事和高级管理人员的实际薪酬以及高级管理人员的提名、聘任或解聘的程序和方法等信息。

(13)定项目公司的基本管理制度以及董事会认为必要的其他规章制度。

(14)项目公司其他条款规定的职权。

(15)出资人依据项目公司章程及其他规范性文件授予的职权。

3. 总办会审议范围

(1)研究落实党委会、董事会决议等相关事项。

①传达贯彻落实上级重要决定、指示、文件、会议精神、决策部署。

②传达、贯彻落实党委会决定和董事会决议。

③研究组织实施公司战略规划、生产经营计划、发展规划、投资方案、项目建设管理、财务预算、利润分配、工资福利、企业年金以及补充医疗保险等具体工作。

（2）审议决定涉及公司经营管理的相关事项。

①审定公司生产经营计划及工作方案。

②项目单项工程设计变更中，单项工程设计变更金额 50 万元（含 50 万元）以上、100 万元以下（不含 100 万元）的设计变更。

③审定项目工程管理考核方案。

④审定公司规章制度建设，制度层级为"规定"和"办法"的。

⑤审定公司自主立项科研课题立项。

⑥通报经理层日常工作，研究日常安全、生产、经营管理等工作，及时解决工作中遇到的重大紧急问题。

⑦审议落实公司规定的由总经理办公会决定的其他事项。

（四）"三重一大"议事决策规则

"三重一大"决策严格按照会前协调、准备材料、提前通知、充分讨论、逐项表决、作出决策、形成纪要等程序进行议事决策。

1. 会议召开规定

（1）党委会应定期召开，一般每月召开一次。遇特殊情况，经报请党委书记及集团派驻纪检组同意后可召开。

（2）董事会会议分为定期会议和临时会议。

定期会议每年至少召开四次，每次会议应于召开前三个工作日内将议程、所议事项、会议时间、地点等有关事项通知所有董事、监事和其他列席会议人员。

如涉及公司紧急事务或重要、重大事项需要召开临时董事会会议的，可以不受前述工作日的限制，但应当在会议召开前合理的时间内将会议有关事项通知与会人员。在下列情况下，董事会应当召开董事会临时会议：出资人认为必要时；董事长认为必要时；三分之一以上董事提议时；监事会提议时。

(3)总经理办公会原则上每月召开1次。有下列情况之一时,应召开总经理办公会议:

①公司生产经营、安全、财务、管理等出现重大情况必须立即研究时。

②经营班子成员根据工作需要提议召开时。

③有突发事件发生时。

2. 会议准备

(1)议案征集及审批。综合管理部门提前发征集议案通知。各部门提交的议案必须经过讨论后,通过OA完成审批流程,每个决策事项单独履行议案审批。议案表要素应填写完整,议案内容要坚持严肃性、科学性、可行性、准确性相统一,实行"一事一案",议案要简明扼要,且附有必要的论证材料。涉密议案提交书面材料。

(2)发出会议通知。

①党委会:综合部应于每次会议召开前3个工作日内将议程、所议事项、会议时间、地点等有关事项以书面或其他形式通知所有党委委员和其他列席会议人员。

②董事会:董事会定期会议在召开前3个工作日,董事会临时会议在会议召开前1个工作日内,由专人将会议通知和会议材料送达各位董事、监事、派驻纪检监察组,并通知其他列席会议人员。董事因故不能参加会议,可以书面委托其他董事代为出席、参加表决。董事不能出席会议而委托其他董事代为出席的,应最迟于会议召开1日前以口头形式或书面形式通知董事会秘书。

③总办会:公司综合部须于会前3天将会议通知和议案材料发给公司各位领导、派驻纪检监察组和监事。

综合管理部需提前收集议案材料,于每次党委会、董事会及总办会召开前3个工作日报备派驻纪检监察组和监事处;会后5个工作日内将会议记录、决议情况报备派驻纪检监察组。

3. 会议召开

(1)党委会

①党委会由党委书记召集并主持,党委书记不能参加会议时,可委托党委副书记召集并主持。

②党委会须有半数党委委员到会方可举行,讨论和决定干部任免、处分党员事项必

须有三分之二以上党委委员到会。涉及党委委员分管事项的,分管此项工作的党委委员应到会。党委委员因故不能参加会议的应当在会前请假,其意见可以用书面形式表达。未到会委员不能授权表决,其书面意见不计入票数。会议结束后,应将会议讨论结果向未参会的党委委员通报。

③会议按要求邀请不是党委委员的公司其他领导班子成员及党委下设有关部门负责人列席会议。会议主持人可根据会议议案指定有关人员列席会议。

④党委会研究讨论重大事项时,党委书记应组织与会人员认真讨论,在大家充分发表意见的基础上,集中多数人意见,提出表决事项,由到会的党委委员逐项表决。表决时坚持少数服从多数的原则,可采取口头、举手、无记名投票等方式进行。

(2)董事会

①董事会会议由董事长主持。董事长不能履行职务或者不履行职务的,由半数以上董事共同推举一名董事或出资人指定一名董事召集和主持。

②董事会会议应有过半数董事出席方可举行。董事会作出决议,必须经全体董事的过半数通过。配备外部董事的单位,应同时有过半数的外部董事出席方可举行。如出席人数不满足上述要求召开的董事会,形成的董事会决议无效。

③董事会会议对每一议案的审议应按以下顺序进行:议案人对议案进行说明—提问和答辩—表决—董事长确认表决结果—会议主持人有权决定每一议题是否停止讨论、是否进入下一议题等。

④当议案与某位董事有利害关系或关联关系时,该董事应当回避,不参与讨论和表决。当议案与参加董事会会议的其他人员有利害关系或关联关系时,其应回避。

⑤除监事、高级管理人员、董事会秘书、综合部负责人外的其他列席人员只在讨论相关议题时列席会议,董事会秘书应根据会议的进程,提前合理安排应列席会议的公司相关部门人员参加会议。

⑥董事会决议分为普通决议和特别决议。董事会通过普通决议时,应当经全体董事过半数同意,通过特别决议时,应当经全体董事三分之二以上同意。

(3)总办会

①总经理办公会议由总经理召集并主持。总经理因特殊原因不能出席时,可委托一名副总经理召集和主持。

②总经理办公会组成人员包括：总经理、副总经理以及经营班子其他成员。

③公司董事会、党委会和监事会成员、总会计师、总法律顾问、总工程师、董事会秘书等高管人员可以列席总经理办公会，并对总经理办公会研究事项提出意见和建议。

④公司职能部门负责人应列席总经理办公会。根据议案内容由会议主持人确定其他列席会议人员。

⑤总经理办公会开始后由议案提出主办部门作简要说明，出席会议人员就议题进行研究，列席会议的有关部门负责人就提出的问题作必要的回应。

⑥总经理办公会讨论决定问题实行民主集中、多数一致的原则，由总经理归纳出席会议成员的多数意见后作出决议；对经会议讨论尚不宜作出决议的议案，总经理可根据实际工作需要对所议事项作出最终决定。

4. 会议记录

（1）党委会

党委议事时，由专人做好会议记录，会议结束后，根据会议决定的事项形成会议纪要，并印发相关部门执行。查阅党委会原始记录，须经党委书记或副书记批准。会议记录应包括下列事项：

①会议召开的日期、地点和主持人姓名。

②出席的党委委员姓名，请假的党委委员姓名，列席人员姓名、记录人姓名。

③会议议案基本情况。

④党委委员发言要点。

⑤每一决议事项的表决方式和结果。

⑥会议其他相关内容。

⑦会议记录上需请党委书记签名。

会议纪要按独立序列实行年度编号。会议纪要须记录每个议案讨论的最后决定、出席和列席人员姓名。党委会议纪要经党委书记同意后印发给党委委员、领导班子成员、外部董事和有关部门，或报上级机关和有关部门。

（2）董事会

①董事会会议记录。会议记录应当准确载明会议召开的时间、地点、主持人、出席人、委托代理人情况、会议议程、董事发言要点、每一决议事项的决议方式和结果（表决结

果应载明同意、反对或弃权票数)。

②董事会会议决议。决议应包括以下内容：会议召开的时间、地点、会议性质(届次、临时)、召集人姓名、会议应到人数、实到人数、授权委托及非董事领导人员、监事列席情况、说明会议的有关程序及会议的合法性、说明会议审议并经表决的议案内容、并分别说明每一项议案的表决结果。

董事会决议由到会董事签名，代行签名的，应当附董事的授权委托书。

出具董事会决议原则上"一事一决议"，可结合工作实际出具总的董事会决议。董事会会议由董事会秘书负责记录或董事会秘书指定1名记录员负责记录。董事会会议记录形成电子文档后，使用合同防伪纸打印并签名，签名后加盖骑缝章进行存档。

董事会会议作出决议后，应尽快完成审批，出具纸质版董事会决议，交由出席会议的董事签名，董事签名后扫描存档，将扫描件分发议案相关业务主办部门。

③会议签到表、授权委托书、记录、决议等文字资料由董事会秘书负责整理，并提交公司档案部门保管，保管期限为20年。

④董事会决议涉及业务不得超出公司的经营范围、不得违背公司章程，否则董事会决议无效。

(3)总办会

总办会决议以公司会议纪要或由各责任部门拟文以批复文件形式下发执行。总办会议结束后3个工作日内，综合部负责草拟总经理办公会议纪要，并按公文处理程序履行审批。总经理办公会议纪要由总经理签发。

5. 会议执行和反馈

(1)领导班子成员要根据集体决策进行分工，切实履行职责，带头执行各项决策。个人不得擅自改变集体决策。对决策有不同意见的，可以保留，但在没有作出新的集体决策之前，个人不得擅自变更或者拒绝执行已经作出的决策。

(2)党委会、董事会、总办会决定的事项，由公司综合部负责监督和检查，并及时将落实情况向领导班子负责人及成员汇报。公司综合部根据职责权限对决策执行情况进行跟踪督办，发现问题及时提醒和纠正。

(3)因不可抗力或者决策依据、客观条件发生重大变化而导致决策目标部分或者全部不能实现的，应及时向上级请示，但在未批准之前不得擅自调整或者中止决策的执行。

如在执行过程中出现不可控问题,需要停止执行或者变更的,一般情况下要重新召开会议,进行复议。

(4)领导班子每年应对集体决策的执行情况进行一次自查,把贯彻落实集体决策作为领导班子民主生活会、领导班子成员述职述廉和企务公开的内容,接受监督和民主评议。领导班子负责人及成员执行"三重一大"决策制度的情况,要作为党风廉政建设责任制考核的重要内容,作为领导人员经济责任审计的重点事项,加强监督检查。

行政管理

(一)公文管理

1. 常用公文种类

(1)决议:适用于会议讨论通过的重大决策事项。

(2)决定:适用于对重要事项作出决策和部署、奖惩有关单位和人员、变更或者撤销下级机关不适当的决定事项。

(3)公告:适用于向国内外宣布重要事项或者法定事项。

(4)通告:适用于在一定范围内公布应当遵守或者周知的事项。

(5)意见:适用于对重要问题提出见解和处理办法。

(6)通知:适用于发布、传达要求下级机关执行和有关单位周知或者执行的事项、批转、转发公文。

(7)通报:适用于表彰先进、批评错误、传达重要精神和告知重要情况。

(8)报告:适用于向上级机关汇报工作、反映情况、回复上级机关的询问。

(9)请示:适用于向上级机关请求指示、批准。

(10)批复:适用于答复下级机关请示事项。

(11)函:适用于不相隶属机关之间商洽工作、询问和答复问题、请求批准和答复审批事项。

(12)纪要:适用于记载会议主要情况和议定事项。

2. 公文格式

公文一般由份号、密级和保密期限、紧急程度、发文单位标志、发文字号、签发人、标题、主送单位、正文、附件说明、发文单位署名、成文日期、印章、附注、附件、抄送单位、印发单位和印发日期、页码等组成。

(1) 份号。公文印制份数的顺序号。涉密公文应当标注份号。

(2) 密级和保密期限。涉密公文应当根据涉密程度分别标注"绝密""机密""秘密"和保密期限。

(3) 紧急程度。应根据紧急程度,用3号黑体字,顶格编排在公文版心左上角标明"特急""加急",电报应当分别标明"特急""加急""平急"。

(4) 发文单位标志。由发文单位全称或者规范化简称加"文件"二字组成,也可以使用发文单位全称或者规范化简称。联合行文时,发文单位标志可以并用联合发文单位名称,主办单位排列在前,也可以单独用主办单位名称。

(5) 发文字号。由发文单位代字、年份、发文顺序号组成。联合行文时,使用主办单位的发文字号。

(6) 签发人。上行文应当标注签发人姓名。

(7) 标题。由发文单位名称,事由和文种组成。如"转发××批复的通知";转发的文种是通知时,为"转发××的通知"。

(8) 主送单位。公文的主要受理单位,应当使用单位全称、规范化简称或者同类型单位统称。

(9) 正文。公文的主体,用来表述公文的内容。

(10) 附件。公文附件的顺序号和名称。

(11) 发文单位署名。署发文单位全称或者规范化简称。

(12) 成文日期。署会议通过或者发文单位负责人签发的日期;联合行文时,署最后签发单位负责人的签发日期。

(13) 联系方式。上行文、函件一般要在发文日期下行注明联系方式,包括联系人的姓名、职务、电话。

(14) 印章。公文中有发文单位署名的,应当加盖发文单位印章,并与署名单位相符。

(15) 附注。公文印发传达范围等需要说明的事项。

（16）附件。公文正文的说明、补充或者参考资料。

（17）抄送单位。除主送单位外需要执行或者知晓公文内容的其他单位，应当使用单位全称、规范化简称或者同类型单位统称。

（18）印发单位和印发日期。公文的送印单位和送印日期。

（19）页码。公文页数顺序号。

（20）公文的版式按照国家标准《党政机关公文格式》（GB/T 9704—2012）执行。

（21）公文中使用的汉字、数字、外文字符、计量单位和标点符号等，按照国家有关标准和规定执行。

（22）公文用纸一般采用国际标准 A4 型。特殊形式的公文用纸幅面，根据实际需要确定。

3. 行文规则

行文应当确有必要，讲求实效，注重针对性和可操作性。法律、法规中已有明确规定的，不再制发文件；现行文件规定仍然适用的，不再重复发文；已标注公开发布的文件，不再翻印；对使用电话、传真、电子邮件、内部网站等途径可以办理的事项，不发正式公文。

（1）应当根据隶属关系和工作需要，在职权范围内行文。涉及其他单位职权范围的，应当会签有关单位或者联合行文。

①公司对上级党委、纪委及其工作部门行文，应以公司党委名义；公司对自治区行业主管部门，各市、县人民政府及其工作部门以及其他企业行文，应以公司名义。

②除公司外，其他部门不得对社会其他单位正式行文。

（2）一般不得越级行文。因特殊情况必须越级行文时，应抄送越过的上级单位。向下级单位的重要行文，应同时抄送直接上级单位。

（3）公司内部门之间对有关问题未经协商一致，不得行文。

（4）同级单位、合作伙伴可以联合行文。

（5）请示的公文应一文一事；一般只写一个主送单位，如需同时送其他单位，应当用抄送形式，但不得同时抄送下级单位；对可行性研究报告、初步设计审核意见等业务性较强的公文，在报请上级或业务主管部门审批的同时，可抄送有关单位。

（6）报告中不得夹带请示事项。除领导直接交办的事项外，请示不得直接送领导者个人。

(二)收文管理

公司收文统一使用集团公司的收文流程,具体包括签收、登记、收文拟办、收文审核、秘书分办、相关部门主办、协办、秘书检查、归档等程序。

1. 签收

公司综合部作为公文的签收部门,同时对通过集团公司 OA 系统发送的公文和纸质公文进行签收。总监办向业主报送的文件应将加盖公章的公文扫描件通过指定传送方式(公共邮箱),同时需传递公文的纸质版本,以便工程档案归档整理使用。

2. 登记

由公司综合部秘书对签收公文进行收文登记。公文按照其属性分别进行登记。对不通过 OA 系统传递的公文要进行扫描,再通过 OA 系统收文登记后进行处理。

3. 收文拟办

由公司综合部秘书根据公文内容提出拟办意见。

4. 收文审核

由公司综合部领导对拟办意见进行审核,确定公文的主办部门。

5. 秘书分办

由公司综合部秘书按照综合部领导的审核意见进行分办文件。

6. 相关部门主办、协办

(1)需要在主办部门内部流转和办理的文件,由主办部门签署意见,由秘书根据签署意见进行分办处理。

(2)需要公司领导进行批示的文件,由秘书根据领导批示意见进行分办处理。

(3)需要其他部门协办的文件,秘书收文拟办意见发送综合部领导审核后,由文秘人员发送至主办、协办部门办理。

(4)需要分发至外单位的文件,由主办部门签署意见发送至综合部秘书进行分发。

7. 秘书检查

主办部门办理完成的文件,由综合部秘书进行检查。秘书要检查有关办理情况,对未办理完成的公文再次进行分办处理。

8. 归档处理

综合部文秘人员对办理完结的公文进行归档处理

9. 催办

(1)对重要的和有时限要求的文件,综合部要负责催办,做到紧急公文跟踪催办、重要公文重点催办、一般公文定期催办。

(2)除综合部负责催办外,承办部门要及时催办,并及时反馈办理情况。

收文管理工作流程如图2-1所示。

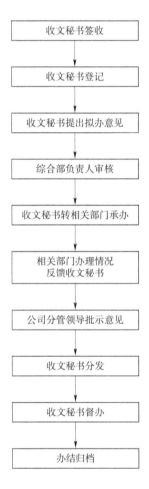

图2-1 收文管理工作流程图

(三)发文管理

公司发文统一使用集团公司的发文流程,包括拟稿、核稿、会签、分发等程序。

1. 拟稿

由公司各部门通过 OA 系统拟稿,拟稿人应按发文处理笺的栏目要求填写清楚。草拟公文应做到:

(1)符合国家的法律、法规和党的路线方针政策要求,符合交通行业的实际情况,符合公司的有关规定。

(2)文件流程使用正确。行政发文使用"集团公司发文流程"、党委发文、工会发文以及共青团发文按照 OA 系统相关发文流程使用。

(3)文件模板使用正确。根据发文内容选择适合的行政、党委、工会或共青团的文件模板。

(4)行文内容简洁、主题突出,观点鲜明,结构严谨,表述准确,文字精练。

2. 核稿

(1)公司各部门负责人要负责对本部门草拟的文件进行初核,对不符合要求的文件应及时退经办人修改或重办。

(2)综合部秘书对发文进行复核,对不符合要求的文件应及时退经办人修改或重办。

(3)综合部领导对发文进行再次审核,完成后发送公司领导签批。

(4)核稿的重点是:

A. 是否需要行文。

B. 有关部门、单位是否已协商、会签。

C. 提出的要求、办法和措施是否明确具体、切实可行。

D. 公文内容、文字表述、文种使用、公文格式等是否符合本办法的有关规定。

3. 会签

拟稿部门根据文件内容确定会签部门,由秘书进行分发办理。

4. 签发

(1)以公司党委名义印发的文件,由公司党委书记或党委副书记签发。

(2)以公司名义印发的上行文,由分管部门的公司领导审批后,公司董事长或总经理签发。

(3)以公司名义印发的平行文和下行文,根据业务内容由分管领导签发;涉及公司全局的重要文件由分管部门的领导审阅后呈公司董事长或总经理签发。

（4）会议纪要由主持会议的公司领导签发；重要的由公司董事长或总经理签发。党委会会议纪要由公司党委书记签发。

审阅及签发人应当签署意见、姓名和完整日期；圈阅或者签名的，视为同意。凡公司领导签发的文稿，原则上不能再改动。若确需修改的，应请示该文件签发领导同意后，方可改动。

5. 登记

对复核后的公文，公司综合部要确定发文字号、分送范围和印制份数并详细记载。

6. 校对

公文正式印制前，由公司综合部出清样，拟稿人负责校对，并签字确认。

7. 缮印

公文印制必须确保质量和时效。涉密公文应当在符合保密要求的场所印制。

8. 用印

在制成的公文上加盖公司印章，是公文生效的凭证。

9. 分发

公文印制完毕，拟稿人应当对公文的文字、格式和印刷质量进行检查后分发。

上级单位标有密级的公文，除绝密和注明不准翻印的以外，经本单位负责人批准，可以翻印，翻印件同正式文件一样管理。翻印时，应注明翻印机关、时间、份数和印发范围，发文管理工作流程如图 2-2 所示。

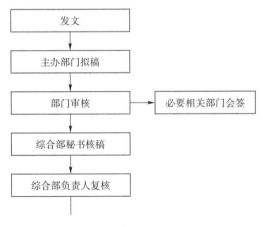

图 2-2

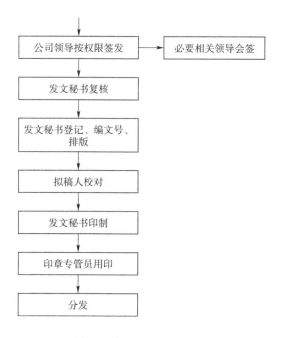

图 2-2 发文管理工作流程图

（四）督办工作管理

督办工作是指公司综合部对工作任务承办部门的各类工作任务执行及办理情况进行专项监督、检查、催办等工作。

1. 督办工作内容

（1）上级单位重大决策、重要会议决议、决定和重要工作部署需公司贯彻落实以及对公司有关问题作出的重要指示、批示和交办事项的落实情况。

（2）公司领导重要批示、指示以及交办事项落实情况。

（3）公司向上级有关单位的请示、报告及需要落实反馈的。

（4）公司内外单位及个人通过公函、电子邮件、电话、来信来访与本单位联系、商议事项需答复的。

（5）需要督办的其他事项。

2. 督办工作程序

督办工作包括拟办、承办、检查催办、延期处理、办理情况反馈和归档 6 个环节。

（1）拟办：综合部根据上级单位有关文件要求、公司会议决定或公司领导指示，填写

《督办事项登记表》(附录27),将需督办的各类工作任务分解至各部门,明确责任部门、完成时间节点。

(2)承办:责任部门按照督办台账及时反馈工作落实情况,注明办理负责人及处理结果、办结日期等信息。

不能按时间节点完成的事项,由承办部门向分管领导申请延期处理,在台账中说明清楚原因及处理措施,并及时向综合部反馈落实情况。

(3)检查催办:综合部应根据办理时限要求,采取电话催办、现场督办、会议督办、上门催办等方式进行督查,及时了解进展情况。对未按期完成的督查事项进行催办,督促承办部门及时办理。对影响全局的重大事项,集中力量督查、督办;对紧急事项,及时督查、跟踪督办;对全年性的工作,可分阶段督查、督办。对承办事项,办理落实确有困难需要协调的,由综合部负责协调,确需报请分管领导协调的事项报请分管领导,以促成问题尽快解决。

(4)延期处理:对情况特殊需要延长办理时间的督查事项,承办部门必须在规定的事项完成期限届满前,及时向分管领导提出延期申请,并报综合部备案。

(5)办理情况反馈:在工作任务完成后,由综合部收集汇总各部门落实情况并向公司领导汇报。

(6)归档:督查事项办结后,应将各种有关的文字材料整理归档。

(五)印章证照管理

1. 印章证照的适用范围

所指印章包括公司(指挥部)公章、党委章、合同专用章、法定代表人章、专项业务章等。证照包括公司营业执照(三证合一)、企业各类证照的原件、电子档及复印件等。

2. 印章的使用范围

(1)公司(指挥部)公章:以公司名义印发的公文;以公司名义出具的证明及有关材料;以公司名义签订的合同(协议)、提供的财务报告、申报的各类材料等重要文件。

(2)公司党委章:以党委名义印发的公文;以公司党委名义出具的证明及有关材料;以公司党委名义申报的各类材料、领导出入境审批表等重要文件。

(3)公司合同专用章:对外协议;各类合同等。

（4）公司法定代表人章：公司法定代表人章主要用于需加盖私章的合同、财务及报表、税务、贷款等各类文件。

3. 印章的使用

印章的使用必须严格遵循印章管理办法，严格遵循印章使用审批程序，按照印章的使用范围，经审批同意后方可用印；借用公司印章外出时，必须由综合部印章管理人员随同监印。

4. 证照的使用管理

（1）证照复印件的使用管理

①需要使用证照复印件的，由经办部门填写《证照（复印件）使用申请表》（附录28），部门领导签字同意，呈公司分管领导签批，并交办综合部负责人确认后，到证照专管员办理相应手续。

②所有证照复印件的使用，需加盖"仅限……使用，再次复印无效"章和公司公章，否则视为无效证照。

（2）证照原件的借用管理

①由借用部门填写《证照借用申请表》（附录29），经部门领导签字，呈公司领导签批，并交综合部负责人确认后，到证照专管员办理相应手续。

②借用时间在3天以内的，由公司分管领导签批；外借时间在3天以上的，由公司董事长签批。

③凡借用证照的，必须在申请日期内归还，不能按时归还的应申请延期，延期手续与借用手续相同，但最长不得超过15天。

④证照借用人负责借用期间的证照保管，确保公司证照的完整性和整洁性，使用完毕后应及时归还。借用期间不得将证照转借其他人使用。

5. 印章证照的保管

（1）公司印章证照管理原则上实行综合部统一管理，特殊业务专用章可以实行业务归口部门管理。各印章管理部门要指定专人管理，并建立有相应的用印登记制度。

（2）印章证照必须存放于专用保险柜，有条件的应设立带有较好安防设施的独立机要室，综合部领导是公司印章证照管理和使用的第一责任人。

（3）印章证照专管员要坚持原则，遵守保密规定，严格用印管理。

(六)政务信息管理

政务信息工作的主要任务:反映公司各部门(单位)工作及经营管理中的重要情况,为公司董事会全面履行职能,实行科学民主决策,合法经营,高效运行,加强监督管理,建设现代企业,推行政务公开,提供全面、及时、准确、规范的信息服务。

1. 工作内容

(1)依据国家和广西壮族自治区的方针、政策及上级部门的工作部署,研究制订政务信息工作计划,并组织实施和检查落实情况。

(2)根据上级的要求,结合本单位的中心工作、领导关注的事项以及经营管理中重点、焦点、难点问题,组织信息调研,并提供有情况、有分析、有建议的专题信息。

(3)认真做好信息的采集、编辑、报送和归档等日常工作。

(4)积极有效地组织所属单位和直报单位的信息工作人员开展业务培训,通过座谈会、专题会、走访、考察等形式,开展政务信息工作经验交流、业务学习和情况沟通,并部署指导工作。

(5)定期向所属单位和直报单位提出信息报送要求,通报信息采用情况。

2. 组织领导和人员配备

(1)公司政务信息工作由主要领导负总责,由分管综合部工作的公司领导直接领导。

(2)各直报单位要确定本单位政务信息工作的主管领导,指定负责政务信息工作的部门领导担当日常和具体工作职责,并配备1名以上专职或者兼职信息员。

(3)政务信息工作人员应具备的基本条件:

①政治立场坚定,了解党和国家的路线、方针、政策和法律法规,熟悉公司的主要业务工作。

②思想觉悟高,有较强的责任感、事业心,富有奉献精神。

③掌握政务信息工作的基本知识和技能,具有一定的综合分析能力、调研能力、文字表达能力和组织协调能力。

④求真务实,作风正派,坚持原则,敢于讲真话、述实情。

⑤严格执行国家保密法律、法规和其他有关规定。

3. 政务信息报送的主要内容

(1) 贯彻集团公司决策部署、重要会议精神情况。

(2) 自治区、集团公司等上级领导调研、考察、检查、督导情况。

(3) 项目建设取得的重大成绩、典型做法、成功经验、亮点工作、重要活动等。

(4) 项目建设主要工作进度,包括征地拆迁、工程建设、控制性工程进展情况及存在的问题和困难等。

(5) 地方政府支持项目建设内容,包括出台政策、协调征拆、政企联建、互学互助等活动。

(6) 项目获得的重大荣誉、技术创新、工艺等。

(7) 公司专门指定的约稿信息及其他。

4. 政务信息报送要求

(1) 确保质量。上报的信息必须严格审核把关,杜绝政治错误、原则错误,规范用语,避免错漏,力保信息真实准确、简明。

(2) 注重时效。凡是上报的信息都要及时,确保信息的时效性,重大活动等信息必须在 2 个工作日内报送。

(3) 客观真实。报送的信息必须源于客观实际,实事求是,信息中的事例、数字及重大事件在上报前,应经部门负责人核准,分管领导对信息的真实性负直接责任。

(4) 全面完整。上报的信息必须确保完整性,要真实反映工作全貌,报送材料不拘泥于文字形式,尽可能配备图片等信息,要结合公司特点,注重深度挖掘报送工作中的新情况、新思路、新举措、新经验等信息。

5. 政务信息报送的方式

各项目公司、指挥部报送的信息要经部门(单位)负责人、分管领导审核同意后,以电子版的形式报送至指定 OA 工作邮箱。

四 会议管理

会议是指导工作的重要方式,是传达上级精神、布置工作、商讨问题、交流经验、协调关系、处理事务的重要工作形式。通常把会议的组织、安排以及各种事务性服务工作统称为会务工作,简称办会。

(一)办会要求

办会工作的总体要求是抓好会议控制,提高会议质量,实现会议目标。具体内容如下:

(1)严格会议审批。尽量减少会议召开次数,提倡合并开会,凡是能够通过线上视频形式召开的会议,就不召开现场会议。

(2)控制会议规模。按照会议的类型和内容确定参会人员范围和数量。

(3)细化过程管理。会议组织(主办)部门或主持人要掌控会议全过程,会中发言,如果有触及与会议议题无关的细节应引导回到议题本身;对分歧意见不能统一或讨论议题不能形成决议的可推迟到下次会议讨论决定。

(4)压缩会议时间。会议组织部门要对会议每个阶段所需的时间进行预测,必要时限制个人发言时间,有效把握会议进程。

(5)严格经费开支。会议的预算一般根据会议类型、规模来确定,包括住宿费、餐费、交通费、会场租金、设备租赁费、劳务费、宣传费、会议材料印刷费、备用医药费等。

(6)抓好应急处置。办会涉及诸多环节,会议过程中要仔细观察,随机应变,切实把会议过程中出现的问题消灭在萌芽状态,确保会议质量和安全。

(二)会议类型

日常召开的会议大致分为以下类型:

(1)了解情况的会议。如调查会、汇报会。

(2)进行决策的会议。如职代表、党委会,董事会、总办会、领导班子办公会。

(3)安排部署工作、统一思想的会议。如年度工作会议、报告会、动员会。

(4)跟踪工作落实情况的会议。如督查会、促进会、现场办公会。

(5)总结工作完成情况的会议。如总结会,表彰会。

(6)其他类型会议。如座谈会、评审会、支部生活会和庆典活动等。

(三)会前准备工作(周密筹备)

1. 制订会议方案

会议方案是组织会议的总安排,主要内容包括:会议的背景、目的、任务、形式、名称、时间、会期、地点、规模、内容、议(日)程、拟请出席领导、参会人员(数)、文件材料目录、宣传报道、接待(食、宿、行)安排、安全保卫、工作组及职责分工等。会议方案要简洁明了,具体清晰,可操作性强。拟写好会议方案后呈报公司领导审定。

2. 召开筹备协调会

针对大型会议和重要会议,综合部要召集相关部门(单位)召开会务工作筹备协调会,请分管领导出席会议布置工作,并对各项任务进行分解,明确工作任务、具体内容、任务目标、责任人及时间节点完成情况等内容,并要求相关部门(单位)按照分工按期完成好相关工作。重要会议邀请主要领导出席。

3. 会前筹备

(1)确认会场情况

根据参会人数确定会议地点(会议室)。如需要安排参会人员食宿的,提前联系确定酒店。选定酒店时要考虑的因素包括:客房规模、房间设施、服务水平、住宿环境、交通便利、安保设施等。

(2)起草通知

根据要求起草下发会议通知。其内容包括会议名称、参会时间、会议地点、参会人员、会议内容(议程)、报名时间、材料报送、着装要求、食宿安排、交通线路、报到须知、参会回执、会务组联系方式等事项。如时间尚未确定,需要参会单位提前准备或上报材料的,可提前发送会议预通知。

(3)下发会议通知

会议通知下发要及时、准确,防止重发、错发、漏发,通过电话、短信、微信、书面及网内邮件等多种方式,可视情况选用一种或同时使用多种。下发通知一定要注意以下事项:

①保密。涉密会议不能通过短信或微信发布。

②负责。必须确保会议通知及时送达参会单位或参会人员,采用短信或微信方式发

送的,要求接收者及时回复。如需召开紧急会议的,务必确保电话通知。

(4)落实参会人员

统计、核对参会人员名单及请假人员名单,确保无误后打印纸质人员名单,及时向参会领导和会议主持人报告。

(5)协调出席领导

根据会议要求,采用当面报告、电话、短信、微信等方式,提请领导出席会议,着重提醒会议时间、地点、主要参加(部门)人员及议程、着装要求等,在会前一天再次提醒领导会议相关事项。

(6)会前准备工作细节

①材料准备。

根据会议内容和工作部署要求,组织起草会议材料,一般包括领导讲话稿、主持词、会议须知及议(日)程,根据会议类型及需要准备其他相应材料,如会务手册、会议议案、表彰决定、责任书(状)、签约合同文本等,并及时完成材料收集。以下提供常用会议材料的拟写方法做参考。

A. 会议讲话稿。

(a)领会意图。知晓会议内容、主题、议程等基本情况,以及会议工作部署内容和要达到的目的。

(b)草拟框架。根据会议内容和主题草拟文稿框架,包括标题、一级标题、二级标题,也可列三级标题,下级标题要围绕上级标题说明、论述,框架要逻辑清晰、层次分明。一般先草拟,再集体研究确定。

(c)任务分工。将文稿框架内容分工到人,分别撰写。

(d)收集材料。按任务分工,收集相关材料。

(e)撰写初稿。根据收集材料,撰写分工部分内容。

(f)合成文稿。对各分写内容进行统稿,合成文稿初稿。

(g)讨论修改。对初稿进行讨论,补充、修改、完善相关内容,形成讨论稿。

(h)再次讨论修改。对讨论稿再次进行讨论和修改完善,形成征求意见稿。

(i)征求意见。在公司内部征求各部门意见,根据反馈意见和建议再次修改完善,形成上报稿。

(j)初报领导审阅。将上报稿呈报分管领导或主要领导审阅,根据领导意见修改完善。

(k)再报领导审核。将修改完善后的上报稿再次呈报分管领导或主要领导审核。

(l)若有必要,将领导审核过的文稿上报党委会或董事会审定,根据意见修改完善,形成定稿。

B. 主持词。

(a)领会意图。知晓会议内容、参加人员、主要议程等。

(b)主要内容。

标题。标题主要包括:单一性标题,简明写"主持词";两要素标题,"××会议主持词";三要素标题,"××单位××会议主持词"。标题下方可加主持人姓名和日期。

称呼。在标题(主持人姓名和日期)之下,顶行写,如各位领导、同志们、各位来(嘉)宾等。

正文。正文内容包括:说明会议的目的任务;逐一介绍参加会议的领导和重要嘉宾(包括姓名、单位职务)以及参会相关单位;交代会议事项议程,逐项写明每一议程以及发言时间要求。

结尾。宣布议程结束,对会议做简要评价和概括总结,就贯彻会议精神提出要求(可简要概括地提出要求,也可分点分段地提出要求)。

结束语。宣布会议结束,祝福感谢语,明确相关事项通知,宣布散会。

C. 会议手册。

会议手册的主要内容包括参会须知、日程安排、参会名单、乘车安排及分组安排,作息及活动时间与地点、会场座次示意图、会务组联系方式、会议地点及周边交通图等。

参会须知应讲清楚会场纪律、活动纪律、请假纪律、食宿纪律、保密纪律和节能要求,说明房间网络、电话等设施使用方法,退房和返程订票事宜。

②材料核校。

主要核对会议材料的框架、结构、文字、格式等,确保材料内容无误。

③材料印刷。

一般情况下,领导讲话稿单独印刷,呈送领导讲话稿件可根据发言领导需要,适当加大字号。会议交流材料统一编印装订成册,另将会议议(日)程、讨论分组名单(参会代表名单)、座次示意图与参会须知等统一编印成册。庆典、签约、揭牌等活动领导讲话稿宜用粉红色 A4 纸打印。

④会议用品准备。

大型会议原则上应配备文件袋,配备笔记本(纸)、笔、证件、会议材料、就餐券等用品,根据需要准备激光笔、录音笔。

⑤颁奖准备。

安排好颁奖领导、领奖人员和礼仪人员,并尽量集中安排领奖人员座席,重大会议颁奖应提前彩排。颁奖时,领奖人员一般依次从面向主席台右侧上、左侧下(一对一递交奖章或证书时,递交人员一般依次从面向主席台左侧上、左侧下,礼仪人员一般从面向主席台右侧上、右侧下),制作和准备物品包括奖牌牌匾、荣誉证书、绸带等。

⑥食宿安排。

大型会议一般安排自助餐,确定用餐标准、印制餐券(注意提前确定就餐人数,避免浪费),提前对接酒店,落实住宿安排。

⑦组织调度会议用车。

视会议需要安排专人负责车辆调度,车辆较多时还要对车辆编号、分组,以便调度,组织驾驶员提前熟悉会场路线。

⑧会场准备。

会场准备主要包括会场布置、台卡、会标投影、音响话筒、会议材料摆放、座次示意图、茶水(提前准备矿泉水)、空调调试、会议签到、发言席、签约(状)席、投票箱等,视频会议需提前做好信号、设备调试,会见(谈)、调研、检查、交流等会议还应准备双方参会人员名单。

A. 会场布置。会场布置主要指主席台及附属设施的布置,总体要求是规范和谐、庄重大方,并与会议主题和内容相一致,根据会议主题、类型,确定会场及桌子摆放形式,并确保桌椅摆放纵横成直线。摆放主席台、发言席、签约席、投票箱等。

B. 会场座次。一是座次先后与会议室门的关系,一般以离会场入口处远、面对会场入口正门的一侧为尊;二是座次左右的关系,确定 1 号位后,以其左为尊进行排位。以下为几种基本座次:

(a)大会主席台座次。

主席台就座,居中居左为尊(面向观众),此后座次一左一右顺序排列。大型会议设主席团,有多排座位,前排为尊,每排居中为尊。

如图2-3所示为主席台和主席团座次示意图。

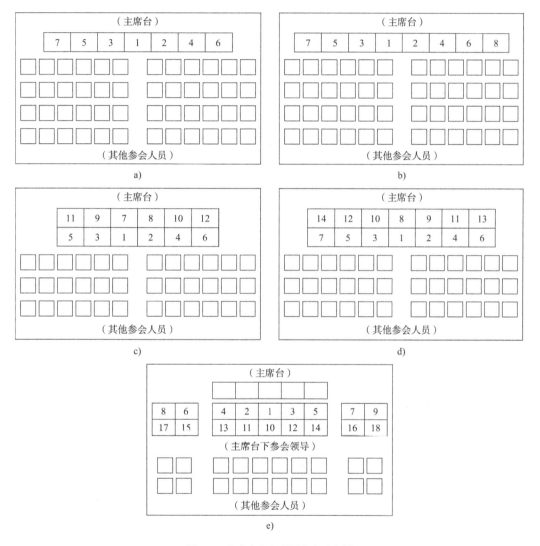

图2-3 主席台和主席团座次示意图

(b)小型研讨会座次。

一是接待会议座次,如图2-4、图2-5所示。

二是内部会议座次(长形桌或椭圆形桌座次相同)。

召开内部会议,正对门居中位置为尊位,安排1号领导;若正门对一侧座位为双数,排序同主席台双数座次规则;其他人员座次同主席台座次规则。

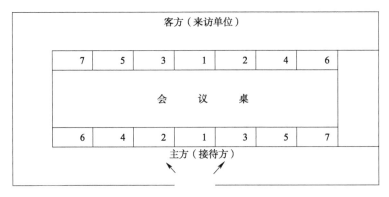

图2-4 长形桌宽边对门,座次示意图

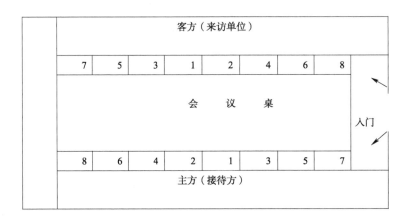

图2-5 长形桌窄边对门,座次示意图

C.会标及背景。根据会议主题制作会标(电子屏会标或横幅),电子屏会标的背景板设计原则上分为行政会议、党组织会议(含党徽)、团组织会议(含团徽)、签约仪式四种形式,会标字体原则上使用微软雅黑,字体大小和间距结合版面进行排版,要求内容准确、会标无错漏、排版美观。

D.背景音乐。大型会议应根据会议议程,提前准备场景音乐,提前进行试播,确保音频播放正常。

E.音像设备。根据会议需要,准备和调试音响设备、有线话筒、无线话筒等,原则上会议发言人均应配备独立话筒,主要领导可准备两个话筒,除此之外,还需备1、2个机动无线话筒。根据会议需要,准备投影设备,提前开启,连接电脑,影像材料或PPT等需提前试播,同时配备激光笔及PPT翻页笔。根据会议需要,提前准备录音、摄影、录像、直播等设备,视频会议需提前做好信号、设备调试工作。

F. 材料摆放。主席台摆放会议日程、工作报告、材料汇编、会务指南、与会人员名单、项目情况介绍、宣传册等,其他与会人员座位根据会议要求进行材料摆放,材料从上至下顺序一致。会议材料发放要做到不漏一份、不少一人,可视情况在会前通知参会单位(人员)派人提前领取,也可以在会场签到时一并发放,或者提前放置到参会人员座位上。对摆放在主席台上的材料,检查顺序和页码,整齐摆放,确保不出差错,对于涉密文件,要严格按照相关保密规定编号登记,及时收回或提醒按保密规定流转、保存,防止泄密。

G. 台卡制作与摆放。根据会议要求准备台卡,台卡原则使用粉红色或红色纸打印,可加上集团公司 Logo 标识(如有)或特色背景,选用微软雅黑字体,要求排版美观、名字无错漏、纸面无褶皱、无破损,摆放纵横成直线,底座使用透明胶粘贴等方式进行固定。

H. 茶水及茶歇。根据会议要求配备茶水或矿泉水,大型会议主席台配备茶杯和矿泉水,其他人员配备矿泉水,配备茶水需检查茶杯无破损、无残留物,茶叶适量(一般情况下夏季准备绿茶、冬季准备红茶),不喝茶的人员应为其更换温开水。配备矿泉水需注意保质期,摆放时标志统一朝向与会人员、纵横成直线。可根据会议需要准备茶歇。

I. 纸巾(湿巾)。大型会议主席台、小型会议桌面或抽屉应配备抽纸(湿巾),抽纸盒内纸巾量如少于三分之一应及时更换。

J. 空调和照明调试。会前检查灯光是否正常,根据当下季节及温度,提前开启空调,小会议室提前 15 分钟左右开启,大会议室提前 30 分钟左右开启,会务工作人员应在现场感受会场温度,随时调整。

K. 签到。准备签到桌、签到表和笔。

L. 会场卫生。会场布置完成后,再次清理会议室卫生,确保会场干净整洁,桌椅无灰尘、地面无杂物、绿植无枯叶。

⑨新闻宣传准备。

新闻宣传准备包括收集相关资料、草拟新闻通稿、邀请媒体等,在会场安排好新闻宣传人员专座,并协调对接。

⑩会场外准备。

A. 贵宾接待室或候会室。根据会议需要,提前准备贵宾接待室或候会室,检查卫生、灯光、空调、茶水、纸巾等是否到位。

B.公共区域卫生。重要接待及大型会议,会前检查会议场所、电梯、会议室、楼层走道、楼层卫生间等公共区域卫生,卫生间保持清洁,洗手液、纸巾等用品配备到位。

C.外来车辆停放。大型会议或重要接待的外来车辆,应提前告知门岗车辆信息或计划抵达时间,安排安保人员将其指引到指定区域停放,如在酒店召开的大型会议,应提前与酒店进行协调。

D.驾驶员引领。重大会议、重要客人来访,车辆停放后应安排人员将驾驶员引领至指定办公区域等候。

E.控梯。上级领导、重要客人来访时,安排人员提前控制电梯,注意电梯礼仪,将客人送达指定楼层。

F.着装。大型会议及重要接待,原则上工作人员应统一着装(如有工作服可统一穿工作服)。

G.医保安排。根据参会人数准备适量医药用品,特殊会议酌情安排医保人员。

H.原则上会议应配备应急设备及预案。

⑪督促检查。

按照分工方案、时间节点、会议流程,全面检查相关准备工作落实和进展情况,检查会场布置时主要检查会场电子设备使用情况、会标及背景音乐、会议物品、主席台布置、会议资料、签到引导、环境干扰排查等情况。特别注意检查已印制好的会议材料是否存在错漏、缺页等情况。

(四)会中服务工作(周到服务)

会中服务工作具体包括:

(1)工作人员就位。会议前工作人员应提前就位,一般情况下,提前30~60分钟到位。

(2)做好会议签到。安排专人打印签到表放置会场,提醒到会人员签到,并做好到会人员清点、登记工作,实时掌握人员到会情况,并视情况电话督促参会人员及时到会。

(3)会前摄像。如需拍摄集体照,应提前联系安排专业摄像人员,布置集体照位置及领导人员站(座)位排序,场外拍摄应提前做好雨天备用方案。

(4)做好会场引导。引导参会人员提前入场,在领导未进场入座前,组织会场纪律。

(5)做好会议记录。根据会议需要,做好会议记录(包括录音、录像)等,记录人员根据会议主题内容进行安排,办公室(综合部)主导的会议,由办公室秘书进行记录;业务部门主导的专题会议,由业务部门安排专人进行记录。

会议记录的基本要素包括会议名称、时间(起止)、地点、参会人员(出席、列席、缺席人员,如人数较多,可以写明参会范围、部门及出席人数)、主持人、记录人、会议议题、正文(发言人姓名、发言内容、讨论内容、提出建议、通过决议、表决情况等)、备注(其他要记录的情况),结尾可写散会、会议结束。

(6)关注会场情况。会议开始后,注意关门,随时关注会场情况。一般情况下,工作人员应全程候场,随时准备无线话筒,会中注意关注会场空调温度、音响话筒、灯光、投影设备等情况,如果发现问题应及时调整。

(7)茶水服务。原则上30分钟添加一次茶水,或以茶杯的倾斜度判断是否需要提前添加茶水,一般茶杯与下嘴唇的夹角大于50°时应添加茶水。

(8)录音摄像。会议原则上全程录音,根据需要录像,会议摄像应注意从不同角度拍摄,如会场全景照、主要领导特写照。保密会议应禁止录音摄像。

(9)维护场外秩序。确保会议外围安静,保障会议不受干扰,召开重大会议时,注意防范应对闹访等事件。

(10)应急措施。制定可能出现的紧急情况应对措施,如遇到临时停电、音响设备失灵、计算机无法使用等情况时,及时启动应急预案。

(五)会后工作(善后落实)

会后工作具体包括:

(1)会议结束后,及时引导参会人员有序退场。

(2)控梯。根据参会领导和人员情况,提前安排控梯,引导参会人员依次有序乘梯,重要客人及主要领导先行,一般陪同随梯送至一层门口。

(3)通知用餐准备。会议接近结束时应提前通知餐厅做好用餐服务准备。

(4)通知驾乘人员做好用车准备。会议接近结束时应提前通知驾乘人员做好候车准备。

(5)检查是否有遗留物品。如有发现遗留物品应及时联系会务组织人员,尽快找到失主归还。

(6)会场整理。桌椅、绿植、台卡等会议物资及时归位,关闭音响设备、空调、灯光、锁门。

(7)会议材料归档。会后要及时将会议方案、通知、简报、发言材料、领导讲话、音像资料、会议签到表等相关资料收集齐全,按规定整理归档,以备查用。同时,按照保密相关要求,对需回收的会议材料逐份清点、登记回收。根据会议需要,形成会议纪要、会议决定、会议记录等。

(8)通稿审核和发布。及时审核、发布通稿,一般情况下在会议当天发布。

(9)会后总结。每次会议结束后,要及时、客观、准确地总结成功经验及存在的问题与不足,如有需要可收集参会人员对会议的意见和建议。

(10)做好会议结算工作。会议结束后及时结算和报销会议开支费用。

(11)督查反馈落实。必要时要尽快形成会议纪要或会议记录等,将会议决定事项办理情况列入督查督办工作中,及时跟踪检查,并做好反馈和汇报工作,确保会议精神和决定事项落实落细,见行见效。

五 信息化管理(OA 信息化管理)

各项目公司企业信息公开平台是加强本公司对外宣传、展示企业形象、服务项目建设大局的重要窗口,是促进行业信息交流、凝聚核心价值理念、推广经营管理品牌、扩大公司知名度及美誉度的主要阵地。平台管理遵循总体规划、统一管理、分工协作的原则,平台信息由公司各部门与合同约定的设计、监理、施工、咨询等公司负责提供,栏目的具体内容实行各单位(部门)审批责任制,由公司综合部统筹管理,涉及意识形态领域,需参照集团公司、高投公司相关文件规定执行。

(一)运行管理与职责分工

(1)公司综合部代表公司行使平台管理及维护职能,平台包含但不仅局限于建设管理平台、网站、微信公众号、公告栏,具体负责平台规划设计、运行管理、协调联系、信息发布及其他日常管理工作。公司应成立信息化管理小组,各单位(部门)须指定1名信息管理员,配合公司综合部开展平台管理工作。

(2)各公司平台管理员具体负责本单位(部门)的信息收集、整理、报送工作,具体上传工作由综合部负责。各公司上报频率可结合实际情况制定,但在建设阶段,各单位(部门)每月应至少上报1篇。报送信息时一并附上作者单位(部门)及姓名。

(3)各单位(部门)的动态新闻统一报送至公司综合部,公司综合部直接与上级单位对接。公司各部门根据具体的职责分工,与各合同约定单位及其上级对口业务部门对接,负责组织、审核对应业务板块的相关材料。

(二)信息收集的质量要求

(1)平台信息可供社会公众公开浏览,任何人不得发布虚假信息或违反国家法律法规、违反公司规定、影响公司形象、泄露公司机密的信息。若发生相应情况,一切后果由责任人自行承担。

(2)确保信息的准确性。上报信息内容必须真实、可靠,转载的信息须注明信息来源。

(3)确保信息的时效性。各管理员须将最新信息及时上报公司综合部,原则上当天信息当天报送。

(4)确保信息的适用性。各公司、各部门应着重采写与本公司发展、本部门工作密切相关可对外公布的信息。

(三)信息审核及发布管理

(1)平台信息发布遵循"先审批,后发布"的原则,未经审批的信息一律不准在平台发布。平台信息审核按以下流程运作:拟稿→提交初审(各公司部门负责人审核)→终审报送(各公司分管领导或主要领导审核)→综合部校核→平台管理员上传发布。

(2)平台上报上级单位或主管部门时,需经得分管领导或公司主管领导的审核同意后,方可上报。

(3)各单位(部门)平台管理员负责发布信息复查工作,如需及时处理或更改已发布信息,应在第一时间告知公司综合部平台管理员。

(四)线上审批流程标准化

(1)推行智能会议室无纸化办公。及时安装匹配集团公司的智能会议室系统,推广远程监控和高清视频对话系统,采用智能语音转录或手写电子本录入,减少人为录入时效,提高办公效率。

(2)完善综合办公管理模块。立足于集团公司OA办公系统,完善会议管理、车辆管理、印章管理、内部签报等模块功能,建立智能会议通知及督办管理系统,要求管理人员使用手机终端同步办公。

(3)推广各类审批云端办理,积极上传各类审批模块,做好相关业务培训宣传并贯彻执行。包括但不限于以下审批流程:用车申请流程、出差审批流程、公务接待审批流程、费用开支计划审批流程、员工请假审批流程、制度合规审批流程、外派脱产培训审批流程、用印审批流程、签报审批流程。

六 车辆及驾驶员管理

(一)车辆配备标准

1. 高速公路项目建设单位公务车配置数量标准

(1)高速公路项目建设单位的公务和生产用车按建设项目的公里数进行配置。

(2)高速公路项目建设单位建设公里数在50千米以下的,配置4台公务和生产用车。

(3)高速公路项目建设单位建设公里数在50千米以上100千米以下的,按集团公司批复同意设置的部门编制数,每个部门配置1台公务和生产用车。

(4)集团公司批复同意设置的部门编制数,每个部门配置1台公务和生产用车以外,超出100千米的,每增加50千米,可增加配置1、2台公务和生产用车。

(5)两个以上高速公路项目建设单位(项目公司、指挥部等)合并办公的,在执行以上配标准的基础上,可根据实际情况增配1、2台部门生产和公务用车。

2. 公务车配置标准

(1)新配备公务车要严格执行配备标准,选用国产汽车,不得增加高档配置或豪华内饰。

(2)排气量大于2.0升(不含)或购车价格超过28万元(不含车辆购置税)视为超标车。如有变动,以上级单位要求为准。

(3)现有超标车余值不超28万元可续用,余值超过28万元的超标车原则上封存停驶,如因封存停驶对正常业务开展造成严重影响,经集团公司同意后可用于路途较远、路况复杂的差旅和重要公务接待,并严格执行广西壮族自治区有关规定,做好使用登记。不得以任何方式换用、借用、占用子企业或其他有利益关系的单位和个人的车辆。

(二)车辆使用标准

1. 车辆使用管理要求

(1)公务车辆使用应严格限于公务活动,禁止个人驾驶公务车辆参加宴请、接待、娱乐及用于其他个人事项,禁止私自将公务车辆借给外单位及个人使用。

(2)公司公务车辆统一由公司综合部调配使用,其他人员不得擅自派车,驾驶员必须服从公司(综合部)的统一安排,不得私自出车。

(3)公司各部门人员需用公务车辆时,应先填写OA电子版用车申请表,根据《车辆及驾驶员管理制度》规定的审批权限完成审批后,交车队长或车辆管理员按实际情况予以派车。

(4)凡是公务用车,原则上要求在前一天18:00前申报,便于统筹安排,如遇特殊情况需紧急用车应及时填(补)派车单。

(5)为了节约车辆资源,前往同一方向、同一地点人员须共用一辆车,尽量避免一人一辆车。

(6)公司车队长、驾驶员不准将公司公务车辆交给驾驶员以外的人员使用。

(7)所有无出车任务的车辆,工作日下午下班后至次日上午上班前以及节假日全天,须停放在指定地点。

2. 车辆封存管理

节假日期间,单位车辆除值班车辆外,其余车辆一律按照集团公司相关规定进行封存。

(1)除必要的值班、应急车辆外,各单位公务和生产用车一律停放到本单位管理区或指定区域统一封存管理,禁止将公务车辆停放在个人住所地或其他非指定区域。

(2)封存期间因公务确需使用车辆的,应由单位主要领导报告高投公司办公室后方可启用。

(三)车辆维修管理

1. 公务车辆定点维修、保养、清洁管理

(1)定点维修、保养、清洁厂家的选定,应每年由公司办公室(综合部)牵头,根据相关事项每年度预计产生的金额及集团公司非招标采购管理办法,确定定点厂家。

(2)确定公务车定点维修保养修理厂后,与定点厂家签订《维修服务合同》及《廉政协议》。

2. 车辆维修保养实施

(1)报修。由驾驶员填写报修单,车辆检修鉴定小组初核,按照《车辆维修审批表》(附录30)审批权限进行审批。

(2)审批权限。车辆经鉴定,维修费用在2000元以下的需经过检修鉴定小组初核,综合部负责人同意后方可进行维修;维修额超过2000元(包含2000元),在5000元以下的,经综合部审核后,报公司分管领导审批;维修额超过5000元(包含5000元)的,经综合部审核,报公司分管领导审批后,报公司主管领导审批。公务车报修流程如图2-6所示。

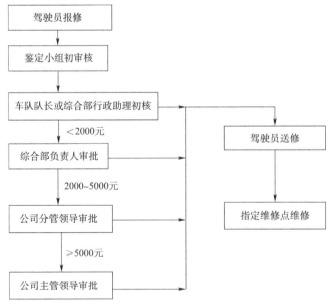

图2-6 公务车报修流程图

(3)本车驾驶员必须参加车辆检修的全过程,监督车辆修理和更换零配件的实际情况。驾驶员在当次报修车辆检修完成后,确保恢复车辆技术状态后并在修理单上签字确认。

(4)车辆进厂修理时,本车驾驶员必须保管好车上的所有证件、工具。如有遗失,应及时补办,相关费用由本车驾驶员负责。

(四)车辆能耗管理

(1)公司车队燃料管理由车队长负责,对每辆车每月用油量(用电)、行驶里程和加油、充电等情况进行核对、汇总成《车辆行驶记录登记表》(附录31),并报行政助理审核。

(2)公司车辆燃料由车队统一办理中石化或中石油IC加油卡,车队每月视用油情况办理加油卡充值手续。原则上每卡上月余额不超过6000元,每卡余额低于1000元时,驾驶员必须向车队申报充值。

(3)燃油车实行"一车一卡",每台车辆使用的IC加油卡必须设置本车车号和密码才能正常使用;新能源车辆充电费用实行凭票报销。

(4)因特殊情况需要用现金加油的,驾驶员要事先向行政助理报告,经批准后,方可加油。加油量以能返回公司或最近距离的加油站为宜,加油的发票要填写日期并附用车者签字证明,返回公司后要及时按规定办理报账手续。

(5)购买车上用品、车辆装饰(包括但不限于坐垫、脚垫、椅套、行车记录仪),进行车辆美容和打蜡的,应单独填制费用开支计划审批表,不得与车辆维修审批表混合使用。

(6)公司新能源车辆由车队长负责对根据每辆车每月用电量及行驶里程数进行汇总、核对《车辆行驶记录登记表》后报办公室负责人审核。

(7)公司新能源车辆由驾驶员根据行驶需要进行充电,每次充电后应及时开具对应发票,在发票背面填写日期并附车队队长或办公室管理员签字证明,发票开具后应尽快按规定办理报账手续。

(五)车辆档案管理

(1)办公室(综合部)必须实行车辆登记建档,内容包括:车辆概况、购车发票(复印件注明原件在何单位)、机动车登记证书、车辆行驶里程、油耗、保养及维修记录、封存记录、交通事故记录、车辆调动记录等资料。

(2)办公室(综合部)应妥善保存车辆档案,确保在车辆移交或处理时手续完备、齐全,档案完整无缺,无违章记录。

(六)车辆调动管理

为进一步规范各高速公路建设项目公务车辆使用,防范车辆使用风险,车辆调动统一由高投公司进行调配。各项目公司应书面向高投公司提出车辆调配需求,并根据高投公司的相关规定开展车辆调配工作,完善车辆调动的相关材料并报高投公司存档。

(七)车辆驾驶员管理

1. 所有车辆驾驶员,必须按规定持有正式年审合格的驾驶执照,杜绝无证驾车行驶。

2. 驾驶员必须积极参加交通法规和行车安全方面的学习活动,遵纪守法,服从工作安排,不迟到、不早退,认真履行职责,保证行车安全,为用车人提供优质服务。

3. 驾驶员必须在每天上午上班后10分钟内,按照《车辆日检项目登记表》(附录32)的内容自检车辆;自检后驾驶员必须到车队办公室等待安排出车;暂时没有出车任务的驾驶员,必须在车队办公室待班。

4. 驾驶员在行车中要随时注意车辆仪表和各部件是否有异常响声,一经发觉必须停车检查,立即向车队队长报告,按照指示要求采取相应处理措施。如有危及行车安全或者可能造成大部件损坏的,必须在修复后方能行驶。

5. 驾驶员必须严格遵守交通规则和车辆驾驶操作规程,严禁酒后开车。驾驶员按期对车辆进行年审,无特殊原因导致逾期年审产生的滞纳金或罚款,由车队队长和驾驶员共同承担。

6. 驾驶员每次出车必须如实填写对应的《车辆行驶记录登记表》。用车后应清洗好车辆,及时添加燃油或充电,以备紧急用车。

7. 驾驶员每天下班后或周末及法定节假日放假前,必须将车辆停放在公司办公楼停车场,车辆钥匙交回车队办公室存放;出差车辆,晚上必须将车辆停放在住宿宾馆指定的停车场。

8.驾驶员休假事先要办理请假手续,休假前将所驾驶车辆的钥匙、证件及随车工具等移交车队办公室。

9.驾驶员因驾驶原因发生责任事故的,除接受交通事故安全管理部门的处罚外,同时根据各公司管理规定和承担相应的赔偿金。

10.驾驶员不服从车队的调度安排,无故装病或谎称机械故障拒不出车的;服务态度很差被用车人投诉三次以上的;使用IC卡为本车以外的车辆加油的,由车队和综合部对其批评教育和警告,并按有关规定处理。驾驶员未经许可将车交给他人使用造成行车责任事故的,由驾驶员负责赔偿全部经济损失。情节严重的,对驾驶员作辞退处理。驾驶人员一切违章被处罚款均由其本人负责。

11.驾驶员有下列情况之一的,一经查实,立即辞退,情节严重的移送公安机关处理:弄虚作假报假账;参加邪教组织的;参与黄、赌、毒活动的;被公安机关判定无照驾驶或酒后驾驶的;向施工及监理单位索要钱物的。

七 后勤管理

(一)办公室区域管理

1. 办公用房标准

企业负责人及员工办公用房使用面积(含卫生间)不得超过45平方米,企业负责人原则上只能配置使用一处办公用房,确因异地工作需要另行配置办公用房的,须经集团公司批准。严禁豪华装饰办公用房,不得长期超标租用宾馆、酒店房间作为办公用房。

2. 标识、指引(规范办公环境的流程图)

(1)功能分区。按照各职能部门、会议室、卫生间等所在楼层和区域位置设置导视图,方便外来人员进行事务联络。

(2)指引。在楼层拐角处、梯间设置指引,如该楼层包括的部门、办公室,以及消防器具、逃生通道等安全方面的指引。

(3)门牌制定。根据《广西高速公路投资有限公司关于印发高速公路项目视觉识别标准化方案(试行)的通知》要求,统一尺寸、统一标识,制定办公室所属职能部门、门牌号等信息,便于来访工作人员查找。

(4)人员去向。设置人员去向牌,包括正常上班、出差、休假等事项,明确办公室人员去向。

(5)岗位职责牌。主要用于明确部门(岗位)工作职责内容或廉政等其他工作要求。具体内容根据部门职责、岗位职责或廉政工作要求等拟定,试样可参照《广西高速公路投资有限公司关于印发高速公路项目视觉识别标准化方案(试行)的通知》。

(二)办公场所管理标准

为规范工作流程,严格操作标准,提高工作效率,优化办公环境,提升员工素质,树立企业形象,工作场所推行"7S"管理[整理(Seiri)、整顿(Seiton)、清扫(Seiso)、清洁(Seiketsu)、素养(Shitsuke)、安全(Safety)、节约(Saving)],通过整顿现场现物,改进现场管理,创造安全、舒适、明亮的工作环境,提升员工真、善、美的品质,从而塑造公司良好的企业形象。

1. 整理

区分物品,现场除了必须使用的物品以外,一切不放置其他物品,腾出空间灵活使用。对工作场所(范围)进行全面检查,消除不使用的物品,调查常用物品的使用频度,决定日常用量,备用品放仓库分类保管,每日下班前进行5分钟的自我检查和随机整理。

2. 整顿

要用的物品依规定定位、定方法摆放整齐,明确标记,以免浪费时间寻找,能做到快速找出所需的物品。

(1)将办公设备和用品合理规划并摆放到指定位置。

(2)文件柜顶严禁堆放杂物,柜面保持清洁,柜内文件盒、书籍等物品要分类摆放整齐。

(3)UPS(不间断电源)应摆放于办公桌副桌指定位置。

(4)计算机电源线、网络线、电话线等用扎带捆好,做到线路整齐、有序、不散乱。

(5)人离开时座椅要靠近办公桌并摆放整齐。

(6)除水杯等必需品,私人物品应放入书柜或抽屉中,并摆放整齐。

3. 清扫

清扫是指清除工作场所的脏污,保持现场干净明亮。

(1)建立办公室人员值日制度,每日进行办公室内清扫。

(2)每周一次办公室大清扫,将每个地方清扫、清洗干净,使工作场所干净、整洁。

4. 清洁

将整理、整顿、清扫制度化与规范化,并通过制度化来维持成果。

(1)通过落实"7S"管理工作,制定工作场所管理的基准。

(2)定期进行考核,按基准落实进行通报。

(3)公司领导不定期巡查,带动全员重视工作场所工作,提高执行力。

5. 素养

人人依规定行事,养成良好的习惯,提升"人的品质",成为对任何工作都讲究认真的人。

(1)严格遵守公司有关规章制度。

(2)严格遵守公司礼仪规定。开展"打招呼、有礼貌"活动,塑造员工彬彬有礼的良好形象。

(3)对员工开展经常性的教育培训,使"7S"管理成为一种习惯。

6. 安全

培养全体员工安全管理的意识和方法,消除现场的安全隐患,防护措施做到位,安全操作不马虎,杜绝安全事故,营造安全、舒适的工作环境。

(1)制定与完善办公室安全管理办法、用火用电等突发事件应急预案。

(2)完善消防安全、突发性事件安全器械、安全标志指引,健全安全配置,如密码安全门、监控系统、来访人员电话预约等。

(3)定期开展办公室安全隐患排查,消除工作现场的各种安全隐患。

(4)不定期开展办公室突发事件安全培训和演练,帮助员工增强安全意识,有效识别危险源,并及时采取防范措施。

7. 节约

对时间、空间、能源等方面合理利用,并发挥它们的最大效能,从而创造一个高效率、物尽其用的工作场所。

(三)办公及生活安全标准

1. 办公室及宿舍用电安全标准

(1)办公室、宿舍电器大多是移动插座供电,移动插座需购买三"C"认证的品牌,使用时切忌一个插座使用电器过多,以免造成插座、插头啮合不良发生火灾。

(2)手湿未擦干时禁止接触电器开关或插头,避免在潮湿的环境下使用电器,更不能让电器被淋湿或受潮,否则不仅会损坏电器,还会存在触电危险。

(3)尽量避免长时间使用大功率电器(功率大于1200瓦),容易造成插座电线加速老化,甚至因电流过载导致安全事故。

(4)便携式电器一般体积较小,散热性差,容易发生自燃事故,使用时应尽量远离桌面、台布等可燃物体,并随时查看其工作温度,使用手机充电器充电完后,必须拔掉充电插头或关闭插座电源。

(5)将智能电器的电源管理设置成省电模式,不用时关闭电器或设置自动"休眠"模式降低功耗,避免产生火灾隐患。不要让电器长时间待机,否则容易造成电器损坏或诱发火灾,不得随意私拉电线或更改电气设备线路。

(6)电器在使用过程中,发生打火、异味、高热、异响等异常情况时,必须立即停止操作,关闭电源,并及时请专业人员检查、修理,待专业人员确认能够安全运行后,方能继续使用。

(7)长时间离开办公室和宿舍时,切记关闭热水器、空调、饮水机、计算机等开关,休假时要切断室内电源。

(8)所有电器不得带电维修。

2. 办公室及宿舍火灾预防标准

(1)办公室内禁止吸烟。

(2)办公室用过的废纸要及时用碎纸机粉碎并及时清理,不准在室内焚烧纸张、物品或使用明火照明。

(3)不准在办公室内随意使用电加热器具,由公司综合部咨询专业人员后方可使用。

(4)办公区域、员工宿舍内严禁存放易燃、易爆物品。

(5)公司综合部联合安全管理部门定期组织对各办公区域及员工宿舍进行安全检查。

(6)办公场所及住宿生活区均应摆放灭火器材,每月检查灭火器材,确保灭火器指针压力指示在绿区范围内,并要求每个员工都能熟练使用。

(7)库房内存放的易燃、易爆物应单独存放,并标签标注。

(8)公司综合部应联合安全管理部门组织专人定期地对室内电线进行检查,若发现问题应及时进行维修,防止发生电器火灾。

(9)当发生电器火灾时,应立即切断电源,用黄沙、灭火器(如二氧化碳灭火器等)灭火。

(10)最后离开办公室和宿舍的人员要对室内进行检查,确认无安全隐患后关好门窗,方可离开。

3. 办公室及宿舍防盗管理标准

(1)注意锁门,离开办公室、宿舍房间要锁门,养成一个好的安全习惯,特别是早、中、晚餐时间要锁好办公室和宿舍的门。

(2)保险柜、资料柜上锁,办公室不要随意摆放贵重物品,离开办公室前,要将重要资料及贵重物品放入带锁柜子内,并上好锁。宿舍存放有贵重物品的,离开房间务必上锁。

(3)注意陌生人,见到陌生人进入办公室或生活区时,要仔细询问,一旦发现可疑行径,应及时通知保安和其他同事,同时要注意做好自身安全防护。

(4)财务部门的办公室门窗应当安全牢固,加装防盗网、防盗门,存放现金、支票及印章必须使用专用保险柜,保险柜钥匙须由专人妥善保管。

(5)重要票证坚持检验、复核制,以防票据丢失。

(6)公司公务车辆使用人在停放车辆时应关窗锁门,车内不宜存放贵重物品、危险品(如火机等易燃、易爆物品)。

4. 办公室资料安全标准

(1)遵守保密纪律,保存好各种文件及技术资料,不得泄露公司机密。

(2)计算机上重要资料及时备份到专门的硬盘,防止计算机发生故障导致资料丢失。

(3)在日常操作计算机时要养成及时查杀病毒、修复系统漏洞的好习惯,确保计算机信息安全。

（4）计算机文件及时保存，以免停电、计算机故障突然关机导致文件未保存。

（5）纸质资料保管做到不损坏、不随意摆放、不随意拆散、不乱借看，存放纸质资料的区域严禁明火，禁止吸烟。

（6）重要资料集中放入保险柜中保存。

（四）办公礼仪标准

1. 员工仪容、仪表要求

上班时间保持情绪饱满、精神愉悦。面部、颈部、手部保持清洁，保持发型整洁清爽，严禁头发脏乱，发型怪异。不得留长指甲，得使用香味浓烈的香水，不得涂抹艳丽指甲油。

2. 着装要求

提倡员工上班着正装，也可穿便服，但应整洁、得体，不得穿着拖鞋进入办公区域。女性员工不得穿着露背服装、超短。男性员工穿衬衫不系领带时，衬衫最多只可敞开领口向下的第一颗纽扣。上班时应穿着长裤，严禁穿短裤上班。在重要迎检及接待期间应佩戴工作证。

3. 行为举止要求

严禁不雅举止。禁止随地吐痰，禁止随地丢垃圾。积极参与办公区域卫生清扫，保持桌面整洁、有序。

4. 办公规范要求

保持办公桌面整洁、有序，保密文件的草稿应及时处理妥当。工作时间不得串岗、不得闲聊（包括电话聊天、网络聊天等）、不得登录与工作无关的网站。工作时间非因工作需要不得听音乐、唱歌等，严禁玩网络游戏。较长时间离开工作岗位，应通知直属上级。强成本意识，节约使用复印纸等消耗性办公用品，节约用水用电。

5. 会客礼仪

（1）当有来访人员时，应马上放下手中的工作，向来客问候致意，协调办理。需明确对方身份、来访目，并立即处理或通报领导。

（2）认真倾听来访者的叙述，尽量让来访者把话说完，并认真倾听。对来访者的意见和观点不得轻率表态，应思考后再作回应，对一时不能作答的，要约定一个时间后再联系。

（五）办公行为标准

1. 办公秩序

（1）按时上下班，工作时间内不得无故离岗、串岗，禁止在公共区域闲聊、吃零食、大声喧哗等。

（2）员工做好个人工作区域内的卫生保洁工作，保持物品摆放整齐，桌面整洁，不能在办公设施和设备上放置杂物、废纸等无关物品。

（3）长时间离开办公工位时，应将办公工位作简易清理，下班后要关闭办公计算机，确认锁好门窗，做好防火、防盗、防泄密等工作。

（4）员工在工作时间不得在办公区内大声喧哗、笑闹，办公时间拨打电话严禁免提，以免影响他人办公，禁止使用公司电话打私人电话或用公司电话聊天。

（5）爱惜办公设备，发现办公设备损坏或发生故障时，应立即向综合部报修，以便及时解决问题。

（6）公司计算机专人使用，并有保密措施，上班时间不得使用计算机玩游戏、上网浏览与所做工作无关的内容。

（7）办公室内不得堆放杂物，报纸应用报夹夹好并放在规定地点，废纸篓应置于不易被看见的地方。

（8）提倡内部文件沟通无纸化，纸质文件尽量双面打印、复印。

2. 行为规范

（1）下级员工服从上级领导，上级领导尊重下级员工，领导交办的事务要迅速办理，不省略、不简化、不拖拉，并及时沟通汇报办理结果。

（2）开会时，须将手机设置为震动模式，如急需通话请走出会议室，简要通话后及时回到会议室。

（3）公司召开会议时，应尊重发言人，即在他人发言时不得随意打断，待发言人发言完毕方可发表个人意见，按时参加公司会议，不得因任何原因迟到、早退或不参加。

（4）在部门或公司举行活动、仪式等隆重场合，要保持安静，等到宣布散会时方可退场，有序退场，不得抢先拥挤，不得大声喧哗。

（5）进入其他办公室时，一定要先轻轻敲门，得到允许后方可入内，出入行走及开关门要动作轻便。

（6）遇有客人进入工作场地应礼貌接待，问明来意（如涉及部门或项目）后作出安排，送客时，应等客人起身后再站起来，与之道别。

（7）接听电话应及时，一般铃响不应超过3声，如受话人不能接听，离之最近的员工应主动接听，要电话做好接听记录。

（8）遵循右侧通行的原则，行走中保持脚步轻稳，不匆忙奔跑，乘坐电梯、车辆和上下楼梯时应相互谦让、有序排队上下。

（9）员工应自觉地维护公共区域卫生，不随地吐痰，不乱扔杂物，废物入篓。

（六）公共区域管理

（1）公共区域墙面由综合部统一美化，除工作相关展示牌、展板外，各部门不得擅自张贴悬挂、钉钉、喷绘任何物品。

（2）办公电源、网线、电话线由综合部统一安装使用，其他部门和员工不得乱绕乱拉，严禁超负荷用电，有特殊需要时，应报综合部进行改造。

（3）公共区域走廊、楼梯口处，除统一摆放绿植、消防和卫生设施外，不得摆放其他杂物。

（4）卫生间由公司配置洗手液、卷纸与垃圾桶，卫生间未经允许不得搁置其他物品，严禁往水池、抽水马桶内乱扔垃圾、乱倒茶叶等。

（5）综合部负责公共区域墙面地面、办公家具、公用设备的干净整洁，各办公室卫生由各部门自行负责，综合部负责每周开展卫生检查。

（6）安全部负责确保公共区域水、电、气、火等方面无使用安全隐患，配备灭火器等消防设施应符合消防要求，定期检查确认安全设施是否过期或损坏。如有过期、损坏，需及时进行更换。

（7）公共区域绿化植物由综合部联系专人定期进行维护，花盆外部干净无尘土、花草无黄叶、摆放位置固定有序。

（8）公共区域提醒标志（如"小心台阶""请勿吸烟"等）由综合部统一制作并粘贴于合适位置。

(9)公共区域卫生管理应注意以下方面：

①清理频率。

A. 公共区域走廊每日扫、拖一次,要求地面光洁、无污迹,保持地面无杂物、无积水。

B. 公共区域楼梯口每天清扫一次,天花板每周扫一次,天台及楼道内要求无杂物堆放、无烟头。

C. 公司绿化带每日清扫一次,要求无杂物、无落叶。

D. 生活垃圾每天清运一次,要求垃圾桶外无垃圾,桶内无异味,地面无纸屑杂物。

E. 体育馆、食堂、公共卫生间等公共区域每天需清扫,且每周至少做两次消毒处理,保证干净整洁,无异味。

②清理工具管理。

A. 拖布、扫把等工具使用完毕后需清洗干净,摆放整齐、有序。

B. 清理工具由综合部统一管理发放,各部门要爱护并自行做好使用保管工作。

(10)员工应自觉维护公共区域卫生,不准乱涂乱画、不随地吐痰,不乱扔杂物、废物入篓,禁止在公共区域进食、吸烟、喝酒、大声喧哗。

(11)禁止将易燃、易爆或违禁物品带入公共区域。

(12)在公共区域必须严格遵守秩序,先客后主、先来后到,不得争抢打闹。

(13)不准随意攀、折、砍、采花草树木,不准向花坛、绿地倒垃圾、污物,不准破坏公司绿化带,不准在花坛、草坪内停放自行车、电动自行车等。

(14)公共区域空调使用时应关闭窗户,杜绝资源浪费,厉行节约用电,保持空气新鲜,可短时开窗换气或关闭空调后换气。

(15)员工应自觉维护、保持公共区域的卫生清洁,公共区域的用品应摆放整齐,用后放回原处,离开公共区域时要关闭好门窗及各类电源开关等设施,保证公共区域下次使用正常。

八 员工食堂管理

(一)食堂物品配置

公司要成立食堂管理小组,由综合部牵头,根据食堂工作需要,充分考虑实际情况后形成购置清单,并按照相关程序购买。

(二)食堂台账管理

1. 食堂管理台账

(1)为规范食堂管理,确保食堂账户数据准确无误、收支有据,制定相应的管理台账。

(2)食堂要建立健全明细分类账,进行收支核算,伙食补贴、接待餐、会务工作餐、存款利息及其他收入计入食堂收入;物资采购应先入库后领用,入库时增加库存物资,领用时不做账务处理;月末采用实地盘存对食堂库存物资进行盘点并完成当月伙食成本核算;以月为会计核算期,月末进行财务核算,并形成年度食堂盈亏统计表(附录33)。

(3)食堂的一切设备、设施、餐具、厨具均要建立物品台账,专物专用,不得擅自挪作他用。

(4)每月末食堂管理人员应对食堂仓库库存物资进行盘点,填制《职工食堂盘点明细表》(附录34),计核库存物资货款。

2. 食堂财务管理

(1)食堂管理人员应严格按预算支出,认真执行公司财务制度。

(2)坚持实物验收,做好成本核算,做到日清月结、账物相符。

(3)食堂财务、采购、物品管理要由食堂管理部门指定专人负责,划定范围、包干管理。

(三)食堂卫生管理

食堂应严格规范个人卫生、食品卫生、餐具卫生、厨房卫生,做好每日的卫生监督管理工作,实施精细化表格管理制度,确保及时发现反馈并解决问题。

(1)由原料到成品实行"四不制度":即采购人员不买腐烂变质的原料,保管人员、验收人员不收腐烂变质的原料,加工人员(厨师)不用腐烂变质的原料,食堂人员不加工腐烂变质的食品。

(2)成品(食物)存放实行"四隔离":即生与熟隔离;成品与半成品隔离;食品与杂物、药物隔离;食品与天然冰隔离。

(3)用(食)具实行"四过关":即一洗、二刷、三冲、四消毒(高温、蒸汽或煮沸)。

(4)环境卫生采取"四定"办法:即定人、定物、定时间、定质量(划片分工、包干负责)。

(5)个人卫生做到"四勤":即勤洗手、剪指甲;勤洗澡、理发;勤洗衣服、被褥;勤换工作衣帽。

(6)工作衣帽做到"四净":即工作衣裤干净、帽干净、口罩干净、围裙干净。

(四)食堂人员管理

(1)食堂厨师、勤杂人员要提高服务意识、服务质量和烹调技术,配合协助食堂管理人员做好食堂管理工作,管理好食堂的固定资产、设施和耗材,不得外借或私自安排人员用餐。

(2)食堂人员应讲究个人卫生,工作时要穿着工作服,戴工作帽、口罩,不留长指甲。按照卫生防疫部门要求定期进行体检,并持有合格的身体健康证明。

九 业务接待管理

(一)接待标准

公务接待确因工作需要可安排食堂接待工作餐,也可安排外部接待工作餐。工作餐分自助餐和圆桌餐,接待用餐原则上在公司饭堂安排工作餐,不具备条件可安排外部工作餐。具体标准如下:

1. 外部用餐接待标准

(1)工作餐标准:省部级领导及随员不高于200元/人;地厅级干部及随员不高于150元/人;县处级以下干部不高于130元/人。

(2)陪同人员安排:陪餐人员严格限定为与公务活动有直接联系的同志,接待对象在10人以内的,陪餐人数不得超过3人;接待对象超过10人的,陪餐人数不得超过接待对象人数的三分之一。

2. 内部食堂接待标准

(1)工作餐标准:省部级领导及随员不高于160元/人;地厅级干部及随员不高于

120元/人;县处级以下干部不高于90元/人。

(2)陪同人员安排:陪餐人员严格限定为与公务活动有直接联系的同志,接待对象在10人以内的,陪餐人数不得超过3人;接待对象超过10人的,陪餐人数不得超过接待对象人数的三分之一。

(二)公务接待方案

1. 接到接待工作

业务部门接到公司领导安排的接待任务后,及时告知综合部,并协助综合部安排接待事宜。

2. 接待事前审批流程

由主办部门按公司接待流程发起审批,审批完成后,开展相关接待工作。

3. 用餐接待

安排在公司内部食堂接待的,由接待部门完成审批完成后,及时告知综合部安排接待事宜。

安排在公司外部酒店进行接待,由主办部门完成审批后,及时告知综合部,协助综合部安排接待事宜。

4. 住宿接待

遵循就近、方便的原则节俭安排,住宿首选定点或协议酒店,因特殊情况无法安排在协议定点酒店住宿的,应在同城安排同类同档次的酒店住宿,不得超标准安排接待住房,住宿不得额外配发洗漱用品,房间不准摆放花篮、礼品。

5. 用车接待

公务接待的出行活动应当安排集中乘车,合理使用车型,严格控制随行车辆。充分利用本单位交通用车,安排接待对象集中乘车前往目的地。

6. 接待礼仪

严格按中央八项规定精神执行。

7. 接待礼仪

严格按中央八项规定精神执行。

固定资产管理

(一)固定资产管理体系

1. 固定资产实施

由综合部负责统一管理和监督,职责如下:

(1)负责组织公司固定资产年度采购计划的制定及招标、询价、采购、验收等工作。

(2)负责组织固定资产的清查盘点、登记、统计工作,建立并及时更新固定资产台账,指导使用部门对固定资产进行日常管理及维修保养。

(3)负责组织固定资产处置及对外出租出借等工作,并提出处理方案。

2. 固定资产管理职责

各使用部门负责对其使用的固定资产实施日常管理,并指定相应管理人员,主要职责如下:

(1)编制本部门的年度固定资产购置计划,参与本部门购置固定资产的采购及验收工作。

(2)负责管理和维护本部门使用的固定资产。

(3)负责向综合部移交本部门闲置或不能使用的固定资产。

(二)固定资产的日常管理

1. 预算管理

项目公司各部门按照"按需采购、预算控制"原则,于每年年底制定本部门的年度固定资产购置计划,报综合部汇总、审核后提交财务部门,经本单位履行必要的程序(公司董事会或办公会决定)后,纳入年度预算上报集团公司,经集团公司批准后方可实施。

各部门必须严格按照批准的预算标准执行,超预算的固定资产原则上不予实施。确因情况变化或业务发展需要增加预算外固定资产购置的,报集团公司批准后实施。

2. 固定资产购置

固定资产采购方式分为招标和非招标采购方式。公司采用招标方式采购的,采购程序按国家招投标法律法规及《广西交通投资集团有限公司招标管理办法》的规定执行。采用非招标方式采购的,根据《广西高速公路投资有限公司非招标方式采购管理办法》规定执行。

3. 固定资产入库

固定资产购置后,综合部会同使用部门进行验收并办理入库手续,入库时应填写《固定资产入库验收单》(附录35)。入库后应对固定资产进行分类编号,建立管理台账。对通过其他方式入账的固定资产应及时更新管理信息,体现固定资产现状及增减情况。

4. 固定资产领用

固定资产领用时应办理相应的领用手续。综合部应负责制作固定资产标签,并将其粘贴于固定资产醒目处,保证一物一签。

5. 固定资产清查盘点

为了确保固定资产的安全完整,充分掌握资产使用情况,盘活存量资产,由综合部按年中、年末两次对固定资产进行清查盘点,建立实物台账,及时、正确、全面地反映固定资产现状及增减变动情况;保证账物相符(《固定资产盘点表》见附录36)。

6. 固定资产的维护管理

固定资产的管理维护由综合部负责。固定资产维修分为日常维修和大修理(修理支出达到固定资产原值50%以上,并且修理后固定资产的使用年限延长2年以上)两种情况,由使用部门报综合部办理,综合部根据年度预算计划组织实施。对房屋建筑等大修项目的管理,应比照工程项目根据集团公司的有关规定办理。

(三)固定资产的处置

(1)固定资产的处置主要包括出售、报废、调拨、对外捐赠、盘亏、丢失和损毁等。固定资产处置应严格履行审批手续,未经批准不得擅自处置,任何单位和个人无权擅自处置固定资产。

(2)固定资产达到预定使用年限且已提足折旧无法正常使用的,需交由资产管理部门进行审核鉴定,需正常报废的由资产管理部门实施报废程序,报项目公司董事会审议批准后方可报废,并报上级单位备案。固定资产按规定提足折旧后,仍具备正常使用功能的,应当继续使用(《固定资产报废清单》详见附录37,《固定资产报废鉴定表》详见附录38）。

固定资产由于丢失、毁损等原因需要提前报废的,经公司董事会或总经理办公会决定后,附相关材料报上级单位批准后按照规定程序和要求办理核销手续。

固定资产内部调拨、转让、对外投资或捐赠由管理单位填报《固定资产处置申请表》报上级单位批准办理。

十一、档案管理

本书中所称档案是指项目公司在建设、经营等活动中直接形成,对国家、社会和公司具有保存价值的各种文字、图表、声像、实物等不同形式的历史记录。项目公司档案工作遵循统一领导、分级管理原则。成立档案管理工作领导小组,指定相关部门作为公司档案管理的职能部门,负责统筹、协调、组织、管理公司档案业务工作,对公司各部门及各参建单位档案工作实行业务指导,集中统一管理各类档案。

（一）工作组织及职责

1. 公司档案职能部门职责

（1）贯彻执行档案工作的法律、法规和标准规范,结合公司实际制定档案管理规章制度、实施细则。

（2）负责公司文件材料的收集、整理、归档工作;编制档案检索工具,做好档案的查阅、利用并登记;会同相关部门对到期档案进行鉴定、销毁。

（3）组织、协调各参建单位档案专项检查、验收工作,组织开展档案业务培训。

（4）做好档案库房管理工作,定期对库房设施、设备进行检查并做好登记工作,确保库房档案安全,为公司提供服务。

（5）完成上级部门交办的档案业务工作,接受自治区档案主管部门的监督和指导。

（6）遵守保密制度,未经批准,不得泄露档案机密内容。

2. 公司各部门职责

（1）应认真学习、贯彻落实档案管理的有关规定。

（2）收集、整理本部门归档文件材料并及时向公司档案部门移交,配合档案职能部门开展好档案管理工作。

(3)积极参加档案业务培训,提升档案管理意识。

3. 档案工作领导小组组长职责

(1)认真组织贯彻、执行《中华人民共和国档案法》《广西壮族自治区档案管理条例》等制度,落实并加强对本单位档案工作的领导,指导并推进公司档案管理工作。

(2)负责主持公司档案管理全面工作,规划档案建设与发展方向,审核公司年度档案工作计划及各项制度,并将其纳入本单位工作目标管理,协调解决工作中的重大问题和困难。

4. 专职档案管理员职责

(1)认真学习、贯彻国家《中华人民共和国档案法》和《广西壮族自治区档案管理条例》以及上级档案管理部门的有关规定。

(2)负责制定公司各项档案管理制度,监督、指导、检查各参建单位档案工作的开展。监督指导公司各部门资料管理员做好本部门各类文件材料的收集、整理、移交工作。

(3)积极参加档案业务培训学习,接受上级及档案主管部门的检查、监督和指导。

(4)负责接收各参建单位移交过来的工程项目档案;统一管理本单位的各类档案,维护好档案的完整与安全。

5. 资料管理员职责

(1)各部门应指定资料管理员,负责本部门文件材料的形成、积累、保管和移交工作,做到及时收集整理,保证归档文件材料完整、准确、系统。

(2)根据本部门不同种类文件材料的形成特征分类建立台账,合理存放文件材料,注意保密,确保文件安全,便于公司和部门利用。

(3)按照公司档案部门要求适时移交本部门文件材料,主动接受公司档案管理员的业务指导与检查,积极参加档案业务学习,提高档案工作水平。

(二)文件材料形成、收集

1. 文件材料的形成

(1)项目公司应根据相关文件要求制定文件材料收集范围及保管期限表,文书类与基建类应分开制定。保管期限分为永久和定期,定期一般分为10年和30年。

(2)形成的文件材料应当使用耐久、可靠、满足长期保存要求的记录载体和方式。归档的文件材料应当真实、完整、准确,签字及盖章手续完备。

(3)收集归档的文件材料应为原件,如有热敏纸传真件,需及时复印保存,复印件应完整、清晰。

2. 公司日常管理文件材料

公司在日常职能活动中形成的、办理完毕、具有保存价值的各类文件材料,包括纸质和电子文件材料均应列入归档范围。

(1)反映公司在经营、管理、服务等各项活动和基本历史面貌的,对公司各项活动、发展具有利用价值的文件材料。

(2)公司在各项活动中形成的对维护国家、企业和职工权益具有凭证价值的文件材料。

(3)公司需要贯彻执行的有关机关和上级单位的文件材料,非隶属关系单位发来的需要执行或查考的文件材料。

(4)社会中介机构出具的与公司有关的文件材料。

(5)所属和控股、参股单位报送的重要文件材料。

(6)有关法律法规规定应归档保存的文件材料。

(7)其他具有查考价值的文件材料。

3. 项目建设管理文件材料

项目公司各部门应严格按照项目文件材料收集归档范围各司其职,做好竣(交)工验收文件、建设依据及上级有关指示、招标投标、合同协议、勘察设计、重大设计变更、征地拆迁、项目管理文件、决算和审计文件、科研、新技术等方面的文件材料的收集和移交,由档案职能部门统一整理归档。

4. 文件材料收集注意事项

(1)注意收集其他未经以红头文件形式发文的材料(如公司大事记、员工花名册、党员花名册、工会人员花名册、重要会议的记录材料、来电来函的会议登记本、公司制度汇编、总经理办公会、工作例会及各项会议签到表等)。

(2)外单位来文(如信访件、邀请函、感谢信等)未走 OA 流程签办的其他文件要进行收集。

(3)注意收集重大事项、会议形成的录音、录像、照片等声像材料,公司获得的奖状、证书、奖牌等实物。

(三)文件材料的整理与归档

项目公司应当制定统一的档案分类方案,文件材料整理应当遵循文件的形成规律,保持文件之间的有机联系,便于保管和利用。

1. 基建类档案

(1)项目文件材料整理时按《科学技术档案案卷构成的一般要求》(GB/T 11822—2008)规定的要求执行。

(2)整理前需制定项目建设文件归档基本范围与保管期限参考表,按《档号编制规则》(DA/T 13—2022)编制各类文件归档档号。

2. 文书档案

(1)归档文件整理时按《文书档案案卷格式》(GB/T 9705—2008)、《归档文件整理规则》(DA/T 22—2015)规定的要求执行。

(2)整理前需制定公司文件归档基本范围与保管期限参考表,按《档号编制规则》(DA/T 13—2008)编制各类文件归档档号。

3. 照片档案

(1)项目公司应对日常工作中形成具有保存价值的重要活动的照片及时筛选和整理。

(2)照片分数码照片和纸质照片,纸质照片档案整理需符合《照片档案管理规范》(GB/T 11821—2002)规定的要求,数码照片整理需符合现行《数码照片归档与管理规范》(DA/T 50—2014)或《广西壮族自治区照片档案整理规则(试行)》(桂档发〔2004〕13号)文件的要求。

4. 录音、录像档案

(1)录音、录像档案按《录音录像档案管理规范》(DA/T 78—2019)规定的要求整理。

(2)档案管理人员日常工作中除收集公司的录音、录像档案外,还要提醒公司各部门及参建单位及时收集并整理重要录音、录像档案。

5. 实物档案

(1)实物档案按《广西壮族自治区实物档案整理规则(试行)》(桂档发〔2007〕19

号)文件规定的要求整理。

(2)公司实物档案的形成以部门为单位,档案管理人员应及时提醒其他部门对实物档案及时整理、保存得当,有必要时可对实物档案拍照备案。

6. 电子档案

电子文件归档时间应当与其他载体文件归档时间相协调。

(1)电子档案按《电子文件归档与电子档案管理规范》(GB/T 18894—2016)规定的要求整理。电子文件组件时应包括格式转换、元数据收集、归档数据包组织、存储等有序化的过程。

(2)应下载备份的电子档案,应选用档案级光盘刻录保存。刻录套数不低于2套,载体要求应符合《磁性载体档案管理与保护规范》(DA/T 15—1995)的要求。

(3)电子档案光盘按《档案数字化光盘标识规范》(DA/T 52—2014)编制盘盒信息。

(四)档案的移交、保管

(1)项目公司应制定档案管理应急方案,严格按照档案管理规定要求,做到档案集中统一保管,任何单位和个人不得以各种理由留存或拒绝移交档案。

(2)项目文件材料归档后,应当按照规定及时向档案职能部门移交。移交前,形成单位应当编制交接清单,内容包括待移交档案题名、年度、卷(件)号、页数、保管期限、密级等。移交时,交接双方应当按照交接清单所列内容逐项查验,核对无误后交接双方的经办人、负责人在交接清单上签名(盖章)。交接清单一式两份、永久保存。

(3)各单位移交归档文件材料时应确保其真实性、完整性和准确性,档案部门在接收已组卷的档案时要严格审核案卷质量,如不符合要求则退回移交单位,限期整改后再移交,移交时目录及其他检索工具一并移交。

(4)档案保管具备专用库房和设备,项目公司要编制预算,采购档案库房设施设备,档案密集架、空调、抽湿机、防磁柜、温湿度仪、灭火器材、计算机等。

(5)档案保管要确保安全,认真做好防盗、防火、防光、防潮、防尘、防污染、防有害生物等工作,坚持库房检查制度和库房温湿度记录制度,严格控制库房的温湿度。

(6)档案管理员应遵守保密制度,制定档案借阅制度并严格执行,对外借未及时归还的档案需及时催促归还,对库房档案要定期检查上架情况。

(7)项目公司应根据档案内容及重要性制定档案备份方案,电子档案备份应符合相关文件要求。

(8)档案管理员要根据各类文件保管期牵头开展档案的鉴定与销毁工作,打印需销毁档案清单并提交鉴定小组审核,配合鉴定委员会及其他业务部门开展档案销毁工作。

CHAPTER 03 第三章

工程收尾期

通车现场会

（一）选定通车现场会地址

选址遵循线路离市区最近、设备功能齐全、无路段纠纷事项等原则比选。一般选择在收费站外广场进行，由项目公司初选，高投公司现场核选后报集团公司批准。

（二）撰写请示（代拟稿）及拟订现场会方案

撰写通车现场会请示（附录39），并附上具体通车现场会方案（附录40），方案拟定时间（届时以上级单位批复为准）、地点、参加人员、日程、其他事项等。

（三）做好通车现场会职能分工

根据通车现场会要求，项目公司要做好项目人员分工，明确工作职责及具体内容，责任到人，限时落实，具体分为以下几个小组：指挥协调组、外部联络组、现场布置组、资料组、现场接待组、后勤组、车辆组、宣传组等，各小组可结合实际调整分工，编制《通车现场会分工安排表》（附录41）。

（四）邀请函

通车项目根据项目沿线情况，对应邀请沿线相关市、区、县人民政府出席现场会，并由地方政府组织有关人员自行前往，可结合实际需求邀请其他有关单位。通车项目根据情况拟定通车现场会邀请函初稿（附录42）报高投公司办公室审核后报集团公司套打函件，由通车项目派专人对接发函并跟踪落实具体出席人员名单及做好接待工作。

（五）撰写领导致辞稿或发言稿

讲话稿分为领导致辞稿（附录43）和领导发言稿（附录44），领导致辞稿一般由到场上级领导发言时使用，领导发言稿一般集团公司及项目沿线有关政府代表发言，需结合项目工程实际内容撰写，其主要内容包括工程通车的重要性、工程概况、对下一步工作的要求或期望等。

(六)主持词

撰写开场词(附录45)和主持词(附录46)。主持人一般由集团公司有关领导担任,会议召开前指定一名场外人员进行开场,具体邀请主席台领导入场并介绍主持人情况和邀请其进场主持本次现场会。

(七)会议现场布置

会议现场布置内容包括:选定广告公司,平整场地,搭设主席台、横幅桁架、嘉宾室或休息室,施工车辆、水电、音响、展板、嘉宾室或休息室接待物品、移动卫生间等摆放,车辆停车区、领导站位图、方块队站位的区域划分等。

1. 选定广告公司

结合就近原则,选定当地有实力、有能力、有经验、口碑好的广告公司,优先选择与地方政府有过良好合作关系的广告公司,明确所需服务内容,明细清单,签订合同,限时进场施工。

2. 场地布设

结合选址的地形地貌、地理环境等平整场地。有必要时铺上碎砂石。在有边沟或坡度的地方放置警示线或围上安全护栏,场地四周插上集团公司标志的刀旗,尽可能营造安全、整洁、有序的现场环境。

3. 停车区划分

以场地实际面积划出停车区域,采用的原则是离会场较远处,根据停车区域规划停车车位,并安排专人指挥停放。

4. 搭设主题横幅及宣传横幅架子

根据场地布局,选定主题横幅和宣传横幅的位置,搭架升降式桁架,为确保横幅的平整度,桁架横幅背后必须安设板材,主题横幅原则长度为15~18米,高为1.5米,红底黄字,字体为黑体字,字体大小结合现场桁架长度比例设定,以大方美观为主,宣传横幅搭设高度要低于主题横幅,字体、宽度、长度不能超过主题横幅,为确保桁架的安全、稳固,需做好相关加固措施,广告公司在搭设桁架时,必须做好施工安全交底工作,不佩戴安全帽、穿反光服、系安全绳的工人不得在现场施工,不得穿拖鞋作业,施工现场要做好安全防护,摆放好醒目的安全标志,确保施工安全,现场施工尽量安排在白天施工。

5. 宣传板报的摆放

板报架子、宣传内容由高投公司党群部统一规定样式、尺寸和审核相关内容,宣传板报的位置摆放要结合通车现场会位置,原则以嘉宾下车点右侧为起点按顺序摆放,架子确定摆放位置后,结合室外环境,必须进行加固、稳固处理。

6. 搭设嘉宾室或休息室

搭设嘉宾室或休息室可根据场地实际进行搭设,要求搭设桁架式棚,高度、长度以内空舒适为主,现场所搭设的棚顶、台布等要求以红色为主,而且必须干净无损坏,嘉宾室和休息室摆放6~8张小圆桌,摆放4张黑色折叠椅子。

7. 确定主席台及方块队站位图

根据参会人数划定站位个数,主席台横间距不少于1米,方块队横间距1.5米,竖间距不少于1米。为便于新闻媒体拍摄照相,需在方块队后搭设记者拍摄台,高度为80~100厘米,铺设地毯和台阶。

8. 通车现场会整体示意图

领导排位确定1号位后,以其左为尊进行排位。如图3-1所示。

图3-1 通车现场会站位平面图

APPENDIX 附录

附录1 企业名称自主申报信用承诺书

企业名称自主申报信用承诺书

全体投资人已认真阅读《企业名称自主申报规则》《企业名称自主申报平台须知》，并对照《企业名称登记管理规定》《企业名称禁限用规则》《企业名称相同相近比对规则》等有关法律法规规定，经过慎重考虑，现确定选择×××××作为本企业名称，并承诺如下：

1. 严格遵守企业名称登记管理有关法律、法规、规章，全面履行应尽的责任和义务。

2. 已知晓企业名称自主申报系统提示的所有近似企业名称信息，经过慎重考虑，确定继续申请该名称，承诺提交的相关证明或授权材料（只有拟申报的企业名称与已登记、核准的同行业企业名称字号相同的近似情形需要提交）真实有效，对由名称近似可能引起的一切法律后果自行承担责任。

3. 已知晓企业名称自主申报系统提示的禁限用字词信息，经过慎重考虑，确定继续申请该名称，承诺提交的相关证明或授权材料真实有效，并对可能造成的侵权、争议和纠纷承担一切法律后果。

4. 自觉服从登记机关的企业名称规范管理，自主申报通过的名称中含有违反禁用规则、公序良俗等情形的，或者申请人提交的有关授权、证明材料不具备真实有效性，全体投资人自愿服从登记机关的处理，并承担相应责任。

5. 不侵犯他人在先企业名称权、商标权和其他知识产权等合法权益。如因侵权引起争议和纠纷，自愿服从登记机关、有关行政部门、人民法院的处理或判决，按照要求及时办理名称变更登记手续，并承担由此产生的一切法律后果和责任。

6. 同意登记机关将本承诺书通过企业信用信息公示系统向社会公示。

全体投资人签字、盖章

2021年4月30日

附录2　企业开办申请书

企业开办申请书

1. 本开业申请表整合了工商登记、公章刻制、发票申领内容,企业可以自主选择在开办时是否办理公章刻制、发票申领;当场申领发票的,需法定代表人、财务负责人、办税人员到现场实名信息采集,由税务发票申领岗工作人员提供"免填单"服务。

★请在需当场办理的事项前打"√"

□公章刻制　　□申领税票、定税种　　□银行开户预约

2. 本申请书适用于公司申请设立。

3. 附表8为便民事项,请按需填写。

4. 申请人提交的申请书应当使用A4型纸。依本表打印生成的,签名需使用黑色钢笔或签字笔签署;手工填写的,使用黑色钢笔或签字笔工整填写、签署。

5. 企业开办前,请股东、法定代表人、执行董事或董事长(董事)、监事、经理及委托代理人、联络员等自然人下载登录"身份管理实名认证"App进行刷脸比对,完成实名认证。

★苹果用户可通过苹果软件商店,搜索"工商注册身份验证",然后下载App。

★安卓用户可登录广西红盾网办事服务导航栏下拉菜单"身份管理实名认证"扫码下载。

安卓用户可扫此二维码下载

附录3　公司设立登记申请书

公司设立登记申请书

□基本信息			
名　　称	广西××高速公路有限公司　　　（集团母公司需填写：集团名称：　　　　集团简称：　　　　）		
住　　所	广西壮族自治区南宁市青秀区民族大道146号××室		
联系电话	（此电话对外公布，可放固定电话）	邮政编码	530022
□设立			
法定代表人姓名	（根据实际情况填）	公司类型	☑有限责任公司　□股份有限公司 □外资有限责任公司　□外资股份有限公司
注册资本	（根据实际情况填）　万元(币种：☑人民币　□其他　　　　)		
投资总额（外资公司填写）	万元(币种：　　)　　　折美元：　　　万元		
设立方式（股份公司填写）	☑发起设立 □募集设立	营业期限/经营期限	☑长期　□　　年
申领执照	□申领纸质执照　其中：副本　1　个(电子执照系统自动生成，纸质执照自行勾选)		
核算方式	☑独立核算 □非独立核算	从业人员	按公司定员写　人
经营范围（根据《国民经济行业分类》、有关规定和公司章程填写）	（申请人须根据企业自身情况填写《企业登记政府部门共享信息表》相关内容。）各类工程建设活动,房地产开发经营,建设工程质量检测,工程和技术研究和试验发展,物业管理,工程管理服务,广告设计、代理,广告制作,广告发布(非广播电台、电视台、报刊出版单位),采购代理服务,销售代理,建筑材料、机械设备、日用百货、办公设备的销售。(以上为参考经营范围,各公司还可根据实际增加投资板块的经营范围,具体可根据公司章程对照《国民经济行业分类》进一步完善公司经营范围)		

□指定代表/委托代理人(必填项)(填经办人的信息)					
委托权限	1.同意☑不同意□核对登记材料中的复印件并签署核对意见； 2.同意☑不同意□修改企业自备文件的错误； 3.同意☑不同意□修改有关表格的填写错误； 4.同意☑不同意□领取营业执照和有关文书				
固定电话	(按实际填)	移动电话	(按实际填)	指定代表/ 委托代理人签字	(按实际填)

(指定代表或者委托代理人身份证件复、影印件粘贴处)

粘贴注意事项：复印身份证，将复印件正反面分别剪下来，分别贴于此框中，先(左边)贴正面，再(右边)贴反面。以下需要粘贴身份证复印件的参照此法粘贴即可，粘贴框大小可视情况调整

全体股东签字或盖章(仅限内资、外资有限责任公司设立登记)：(此处需要盖集团公章)
董事会成员签字(仅限内资、外资股份有限公司设立登记)：

□申请人承诺(必填项)

本申请人和签字人承诺提交的材料文件和填报的信息真实有效，并承担相应的法律责任。

法定代表人签字：(××公司法人签字)

年　月　日

□法定代表人信息（填写××公司法人信息）			
姓　　名		国别(地区)	中国
职　　务	☑董事长　□执行董事　□经理	产生方式	委派
身份证件类型		身份证件号码	
固定电话		移动电话	
住　　所		电子邮箱	
（身份证件复、影印件粘贴处）			
拟任法定代表人签字：(××公司法人签字) 　　　　　　　　　　　　　　　　　　　　　　　　　年　月　日			

☐董事、监事、经理信息(填董事和监事的信息和粘贴身份证即可)
(担任法定代表人的董事长、执行董事、经理不重复填写)

姓名_____ 国别(地区)____中国____ 身份证件类型____身份证____
身份证件号码_____ 职务__董事__ 产生方式__委派__

(身份证件复、影印件粘贴处)

注:1."职务"指董事长(执行董事)、董事、经理、监事会主席、监事。上市股份有限公司设置独立董事的应在"职务"栏内注明。
2."产生方式"按照章程规定填写,董事、监事一般应为"选举"或"委派";经理一般应为"聘任"。中外合资(合作)企业应当明确上述人员的委派方

姓名_____ 国别(地区)__中国__ 身份证件类型__身份证__
身份证件号码_____ 职务__监事会主席(或监事)__ 产生方式__委派__

(身份证件复、影印件粘贴处)
备注事项同上

姓名_____ 国别(地区)__中国__ 身份证件类型__身份证__
身份证件号码_____ 职务__董事__ 产生方式__委派__

(身份证件复、影印件粘贴处)
备注事项同上

注:此页内容不够填写,可另附页。

□股东(发起人)、外国投资者出资情况							
单位:万元(币种:☑人民币 □其他＿＿＿＿)							
股东(发起人)、外国投资者名称或姓名	国别(地区)	证件类型	证件号码	认缴出资额	实缴出资额	出资(认缴)时间	出资方式	出资比例
集团公司名称	中国	营业执照	集团营业执照号	按实际填	按实际填		现金	100%
如果有多家股东可视情况填写								

注:此页内容不够填写,可另附页。

□联络员信息(一般指经办人)			
姓　名		固定电话	
移动电话		电子邮箱	
身份证件类型	身份证	身份证件号码	
(身份证件复、影印件粘贴处)			

注:联络员主要负责本企业与企业登记机关的联系沟通,以本人个人信息登录国家企业信用信息公示系统依法向社会公示本企业有关信息等。联络员应了解企业登记相关法规和企业信息公示有关规定。

□财务负责人信息(一般指总会计师)			
姓　名		固定电话	
移动电话		电子邮箱	
身份证件类型	身份证	身份证件号码	
(身份证件复、影印件粘贴处)			

附录4　承诺书样例

承　诺　书

　　____自治区市场监督局____（登记机关名称）：
　　____广西××高速公路有限公司____（企业名称）郑重承诺：登记机关已告知相关审批事项和审批部门。在领取营业执照后，本企业将及时到审批部门办理审批手续，在取得行政审批前不从事相关经营活动。如有超出登记经营范围从事后置审批事项经营的需要，也将先行办理经营范围变更登记和相应审批手续，未取得相关审批前不从事相关经营活动。

　　如有违反上述承诺内容情形发生的，愿自行承担相应的法律责任。

签字：（××公司法人签字）

年　　月　　日

　　注：1. 申请人为公司、非公司企业法人、非公司外商投资企业的，由法定代表人签字，设立时由拟任法定代表人签字；申请人为外国（地区）企业在中国境内从事生产经营活动的，由有权签字人签字；申请人为合伙企业、外商投资合伙企业的，由全体合伙人或委托执行事务合伙人签字；申请人为个人独资企业的，由投资人签字。变更登记时还须加盖公章，外国（地区）企业在中国境内从事生产经营活动除外。

　　2. 有限责任公司和股份有限公司的分公司、非公司企业法人分支机构由隶属企业的法定代表人签字，营业单位由隶属单位的法定代表人签字，个人独资企业分支机构由隶属企业投资人签字，合伙企业分支机构由合伙企业执行事务合伙人或委派代表签字。设立、变更登记时还须加盖隶属企业（单位）公章，外国（地区）企业在中国境内从事生产经营活动除外。

附录 5　住所(经营场所)使用承诺书样例

住所(经营场所)使用承诺书

名称	广西××高速公路有限公司
住所(经营场所)	广西壮族自治区南宁市青秀区民族大道 146 号×号(请集团公司办公室支持办理)

根据《广西壮族自治区企业住所和经营场所登记管理办法》第四条做出如下承诺:

一、申请人承诺,所提交的证明材料和有关附件真实、合法、有效,复印文本与原件一致,并对因提交虚假文件、证件所引发的一切后果承担相应的法律责任。

二、申请人对企业经营场所已依法取得使用权,该经营场所住所(经营场所)不属于非法建筑房屋、危险建筑房屋、被依法征收即将实施拆除的房屋或法律法规规定不得用于住所(经营场所)的其他建筑。

三、申请人承诺,在经营场所不从事危及国家安全、存在严重安全隐患、影响人民身体健康、对环境造成污染以及国家法律法规规定企业和个人不得开展的生产经营活动。

四、法律、法规规定应当经有关部门批准方可在经营场所从事相关经营活动的,申请人承诺,取得许可证或批准文件后再开展相关经营活动。

五、登记机关认为需要说明的事项＿＿＿

申请人(盖章或者签字):(需要盖集团公司公章)

　　　　　　　　　　　　　　　　　　　　　　　　　　　　年　　月　　日

□住改商承诺
(限涉及将住宅改变为经营性用房的填写)

根据《广西壮族自治区企业住所和经营场所登记管理办法》第八条、第九条的规定,本企业(公司)、个体工商户将住宅改变为经营性用房,作出如下承诺:

一、知悉《中华人民共和国物权法》的相关规定;

二、符合法律法规的规定;

三、遵守小区管理规约;

四、不从事存在安全隐患和消防隐患、产生声光污染和油烟污染以及影响小区生活环境、治安管理的生产经营活动;

五、已经征得有利害关系的业主同意。

申请人(盖章或者签字):

　　　　　　　　　　　　　　　　　　　　　　　　　　　　年　　月　　日

注:企业(公司)设立登记时,申请人为股东(出资人);股东是法人的,由股东盖章;股东是自然人的,由自然人签字。

附录6　印章刻制证明样例

印章刻制证明

现有＿＿＿广西××高速公路有限公司＿＿＿单位(个人)需刻制(制作)以下印章：

印章类型(名称)	数量	印章形状	印章材质	印章类别
单位专用章(只允许一枚)	1		□塑料光敏 □金属光敏	□实物印章 □电子印章
财务专用章	1	□圆形 □方形	□塑料光敏 □金属光敏	□实物印章 □电子印章
发票专用章			□塑料光敏 □金属光敏	□实物印章 □电子印章
合同专用章			□塑料光敏 □金属光敏	□实物印章 □电子印章
法人名章(只允许一枚)	1		□塑料光敏 □金属光敏	□实物印章 □电子印章
其他类型印章			□塑料光敏 □金属光敏	□实物印章 □电子印章
(印章类型根据当地公安部门提供的数据实时更新)				

以上共需刻制实物印章＿＿＿枚,电子印章＿＿＿枚,请予办理。(以上刻章数量仅作参考,具体刻什么章由××公司决定)

请选择刻制印章企业
□××市××刻章有限公司
□××市××刻章有限公司
□××市××刻章有限公司
(印章刻制企业名单根据当地公安部门提供的数据实时更新)

注:以上印章使用的材质、价格均由印章公司提供、收取,企业可以根据需要自主选择。

附录7 外商投资企业法律文件送达授权委托书样例

外商投资企业法律文件送达授权委托书

授权人：＿＿＿＿＿＿＿＿＿＿＿＿＿＿＿＿＿＿＿＿＿＿＿＿＿＿＿＿＿＿＿＿

被授权人：＿＿＿＿＿＿＿＿＿＿＿＿＿＿＿＿＿＿＿＿＿＿＿＿＿＿＿＿＿＿＿

授权范围：授予＿＿＿＿＿＿＿＿（被授权人名称或姓名）代表＿＿＿＿＿＿＿＿（授权人名称或姓名）在中国境内接受企业登记机关法律文件送达，直至解除授权为止。

被授权人地址		邮政编码	
被授权人联系人		电子邮件	
被授权人联系人联系电话	固定电话：		
	移动电话：		

授权人签字或盖章：　　　　　　　　　被授权人签字或盖章：

　　　　　　　　　　　　　　　　　　　　　年　　月　　日

注：1. 仅限外资企业填写。

2.《外商投资企业法律文件送达授权委托书》由外国（地区）投资者（授权人）与境内法律文件送达接收人（被授权人）签署。被授权人可以是外国（地区）投资者设立的在中国境内从事生产经营活动的机构、拟设立的公司（被授权人为拟设立的公司的，公司设立后委托生效）或者其他境内有关单位或个人。被授权人、被授权人地址等事项发生变更的，应当签署新的《外商投资企业法律文件送达授权委托书》并及时向企业登记机关备案。

附录8　住所(经营场所)使用证明示例

住所(经营场所)使用证明

（此处材料可联系资产公司下属南博公司解决，先发函给资南博公司，请他们协助提供办公场所，同时请他们帮忙提供营业执照和不动产产权证明复印件）

注：可将住所使用证明附于此页。

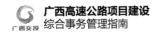

附录9 任职文件样例

法定代表人、董事、监事和经理的任职文件

法人、董事的任职文件可根据××公司实际在OA系统查寻,监事文件需提供《关于×××等同志任免职的通知》《广西交通投资集团有限公司关于明确各外派监事会工作处具体监督单位和驻点单位的通知》两份文件,需联系集团办公室秘书打印盖章。

注:可将任职文件附于此页。

附录10　公司章程样例

公司章程

（联系集团办公室秘书打印盖章原件）

注：可将章程附于此页。

附录11　其他文件汇总

其他文件

1.集团公司营业执照复印件(加盖集团公章);
2.企业名称自主申报信用承诺书(加盖集团公章);
3.职工大会决议(主要为选举职工监事文件,可自行起草)

此处可另附材料:

1.股东、发起人的主体资格证明或自然人身份证明;投资者的主体资格证明或自然人身份证明。

2.募集设立的股份有限公司提交依法设立的验资机构出具的验资证明。涉及发起人首次出资是非货币财产的,提交已办理财产权转移手续的证明文件。

3.股东大会会议记录、创立大会的会议记录;国务院证券监督管理机构的核准文件。

4.法律、行政法规和国务院决定规定设立公司必须报经批准的或公司申请登记的经营范围中有法律、行政法规和国务院决定规定必须在登记前报经批准的项目,提交有关批准文件或者许可证件的复印件。

附录 12　相关信息

银行开户信息

□××银行
□××银行
□××银行

注：选择开户银行为非必选项，可多选，企业可以根据需要自主选择。

邮递信息

是否邮递	□窗口自取　　□快递送达
收件人姓名	
收件人手机号	
收件地址	

注：企业可以根据需要自主选择取件方式，邮费需自理，目前支持快递货到付款，请将收件地址填写详细。如果选择快递送达，窗口将不再发放《受理通知书》给经办人。

（各地根据实际情况进行调整使用）

附录13　请求函样例

关于请求协助提供住所证明的函

××××××××有限公司：

根据集团公司统一安排和天峨—北海公路××至××段项目建设管理需要，广西××高速公路有限公司于2020年6月3日成立并确定作为××至××高速公路建设业主。目前我公司正在办理公司注册登记，根据需要需提供住所证明材料，考虑到目前我公司暂无固定办公地点，恳请贵公司协助提供住所证明，以便于办理百宁公司工商登记手续。

此函

××至××高速公路工程建设指挥部

××年×月×日

附录 14　职工代表大会模板

广 西 × × 高 速 公 路 有 限 公 司

广西××高速公路有限公司
职工代表大会决议

选举××同志为广西××高速公路有限公司职工监事

　　　　　　　　　　　　签字:代表1
　　　　　　　　　　　　　　代表2

　　　　　　　　　　　　　　年　月　日

附录 15　房屋租赁合同（样本）

房屋租赁合同（样本）

甲方（出租方）：_____

乙方（承租方）：_____

根据《中华人民共和国民法典》及相关法律法规的规定，甲乙双方经平等、自愿协商，就乙方承租甲方可依法出租的房屋等事宜达成一致意见，签订本合同。

第一条　租赁物、面积及用途

（一）甲方将坐落在××××××的场地（附件 1 产权证明）出租给乙方。该租赁物【使用面积】约为_____平方米，租赁物类型为_____，结构为 □框架/☑钢筋混凝土，租赁物用途为_____。签订本合同前，甲方已向乙告知该租赁物具有产权权属且未进行抵押。

（二）乙方承诺租赁物仅用于_____，乙方变更用途的，须经甲方书面同意。

（三）作为办公配套设施，免费附送属于甲方产权的林业局旧饭堂（附件 2 产权证明），供乙方使用。

（四）该租赁物的公用或合用部位的使用范围、条件和要求，现有装修、附属设施、设备状况以及需约定的有关事宜，由双方在附件中加以列明。双方同意该附件作为甲方向乙方交付该租赁物和本合同终止时乙方向甲方返还该租赁物的验收依据。

第二条　租赁期限

（一）租赁期_____年，自_____年_____月_____日起至_____年_____月_____日止。

（二）租赁期满，乙方应按约定返还租赁物，乙方需继续承租的，则应于租赁期届满前_____个月，向甲方提出续租书面要约，经甲方同意后，双方按照本合同协商的租赁条件续签订租赁合同。

（三）_____年_____月_____日至_____年_____月_____日间，乙方提出续租时，甲方应给予续租，租金保持本合同约定的金额不变。

第三条　租金及其他费用

(一)租金标准

该租赁物每月每平方米建筑面积租金(含增值税)为人民币小写￥：　　(大写：　　)。月租金(含增值税)合计为人民币小写￥：　　元(大写：　　)。双方同意按以下第　(1)　种方式计算租金：

(1)租金价格(含增值税)在合同期内固定不变。

(2)租金价格每　××　年递增　××　%。

(3)其他：　××　。

(二)物业费

物业费含垃圾清理费、安保等费用,包含在租金内不再另外收取。

(三)水电费及其他费用

1.乙方改造租赁办公楼电路,独立安装电表,自行向供电单位支付电费。

2.乙方办公用水包含在房租费内。

3.甲方免费提供8个停车位,超出部分双方另行商定价格收取费用。

第四条　费用的支付

(一)租金支付时间：　　年　　月　　日前支付　　年度租金小写￥：　　元(大写：　　)。合同金额总价为小写￥：　　元(大写：　　)。本合同不含增值税金额为小写￥：　　元(大写：　　)。

(二)甲方收取乙方租金后,应当向乙方提供正式、足额、有效的增值税专用发票。

(三)乙方向甲方支付的租金等费用汇至以下账户：

收款单位：

银行账号：

开户银行：

第五条　租赁物使用要求和维修责任

(一)租赁期间,乙方应合理使用并妥善保管该租赁物及其附属设施,当该租赁物及其附属设施非因乙方原因损坏或故障时,应及时通知甲方修复;甲方应在接到乙方通知后的　　日内进行维修。如该损坏故障属于物业管理的应由乙方通知物业按规定进行维修。但因乙方使用不当或不合理使用,致使该租赁物及其附属设施损坏或发生故障的,由乙方负责维修并承担费用。

(二)根据前款约定,应由甲方维修而逾期不维修的,乙方可代为维修,费用由甲方承担;应由乙方负责维修而拒不维修的,甲方可代为维修,费用由乙方承担。

(三)甲方保证拟交付的租赁物及其附属设施处于正常的可使用和安全的状态。租赁期间甲方对该租赁物进行检查、养护,应提前_____日通知乙方。检查养护时,乙方应予以配合。

(四)乙方因自身原因另需装修或者增设附属设施和设备的,应事先征得甲方的同意。乙方增设的附属设施和设备归属及其维修责任由甲乙双方另行书面约定。

(五)乙方在装修过程中造成租赁物设施损坏的,乙方应及时报告甲方,由乙方进行维修,若乙方未及时维修的,甲方有权自行组织进行维修,为此发生的一切费用由乙方负责,由此造成甲方和周边承租方或其他关联人的经济损失完全由乙方负责赔偿。

第六条 双方权利和义务

(一)甲方权利和义务

1. 甲方有权对租赁物进行消防安全生产、环保检查,对于不合格的情况,甲方有权下发整改通知书,乙方应无条件予以整改。

2. 甲方因维修养护与租赁物相关的公用部分、共用设施设备需要停水、停电、停止使用共用设施设备,且事先已告知乙方或其聘用的人员的,乙方有义务配合,甲方无须承担补偿或赔偿责任。

3. 如发生紧急事故(包括但不限于火灾、爆炸、水管爆裂、电力故障、人员抢救等)或协助政府部门执行公务时,甲方可在事先无通知的情况下进出租赁物。非因甲方故意造成乙方财产损失的,甲方不予赔偿。

4. 甲方不承担乙方在租赁期间发生的盗抢及其他安全事故所造成的一切损失及法律责任。

(二)乙方权利和义务

1. 乙方对甲方的管理与服务有建议权。

2. 由于乙方使用租赁物与第三者产生的一切债权债务与甲方无关。

3. 乙方使用租赁物时必须注意防火、防盗安全,增强消防意识,严禁安放易燃易爆物品、有害物品、假冒伪劣产品、危害人身健康安全产品。

4.乙方应按消防、安监、环保、劳动等部门有关规定全面负责租赁物的相关设施配置,使之符合政府部门要求,并负责租赁物及设施设备的维修、维护,费用由乙方承担。

5.乙方自觉履行消防条例及甲方规章制度对消防安全的约定,对于所承租的租赁物,乙方应当主动投保有关险种;如因乙方的原因引起火灾事故的,所造成的后果由乙方自行承担。

第七条 合同的变更、解除或终止

(一)租赁期间,乙方将租赁物部分、全部转租给他人或与他人承租的租赁物进行交换的,必须事先征得甲方的书面同意,并保证新的承租方遵守本合同约定,履行本合同义务,但乙方在本合同项下的义务并不因转租而免除;经甲方同意转租的,乙方需向甲方提交转租合同副本。

(二)乙方出现如下情形的,甲方有权解除或终止本合同:

1.拒绝缴纳租赁物租金及其他费用或延期支付各项应缴费用超过20天的。

2.未经甲方同意,擅自更改租赁物用途,擅自转租或以其他形式变相转租,与他人的交换租赁物。

3.擅自利用租赁物进行非法活动,非法经营等违反国家法律法规的其他情形的。

4.损坏租赁物设施的或未经甲方同意随便改动、拆除、凿墙、开窗或进行其他损坏、更改租赁物建筑主体的。

5.甲方在对租赁物进行日常管理检查以及安全生产检查过程中,对乙方发出整改通知,乙方在接到整改通知书后,无正当理由超过通知时间给予的整改时间　　日后仍未进行整改或整改不符合要求的。

(三)甲方出现如下情形的,乙方有权解除或终止本合同:

1.甲方未按约定交付该租赁物,经乙方催告之日起_____日内仍未交付的;

2.甲方交付的该租赁物不符合本合同第一条的约定,致使不能实现租赁目的的;或甲方交付的租赁物存在严重缺陷导致危及使用人安全的。

(四)在租赁期内,有下列情形之一的,本合同终止,双方互不承担责任:

1.该租赁物占用范围内的土地使用权被依法提前收回的。

2.该租赁物因社会公共利益被依法征用的。

3.该租赁物因城市建设需要被依法列入租赁物拆迁许可范围的。

4.该租赁物在租赁期间因不可抗力导致毁损、灭失的。

5.甲方已告知乙方该租赁物在出租前已设定抵押,现该租赁物被抵押权人处分的。

6._____无_____。

第八条 租赁物的返还

(一)除甲方同意乙方续租外,乙方应在本合同的租期届满之日起 30 日内返还该租赁物。

(二)返还租赁物时,乙方应按甲方规定办理退租手续,自行搬出可以移动的物品;乙方返还该租赁物应当符合正常使用后的状态,返还时,应经甲方验收认可。

(三)租赁合同期满时租赁物的装修物、其他添附物或新增设备的处理:归乙方所有_____。

第九条 违约责任

(一)甲方依据___第七条第(二)款___约定解除或终止本合同。

(二)租赁期间,乙方无故解除、终止本合同或因乙方违约导致合同解除、终止的,乙方应向甲方支付_____个月租金作为违约金,且无权向甲方主张赔偿装修损失及返还履约保证金,已收取的租金、物业费等不予退还。

(三)租赁期间,甲方无故解除合同,提前收回该租赁物的,甲方应按提前收回天数的租金的_____%向乙方支付违约金。

(四)合同解除或终止后,乙方拖欠甲方租金、物业费、电费等未结清的,甲方有权留置乙方租赁物中的物品,因此导致乙方逾期返还租赁物的,按照___本条第(六)款___处理。

(五)乙方违规造成事故,导致人身伤害或经济损失的,乙方应承担全部赔偿责任,违法违规者依法追究有关法律责任。

(六)在本协议项下,如一方违约,除依法依约应承担违约责任外,还应承担守约方为实现债权而支付的费用,该费用包括但不限于律师费用、诉讼费用、差旅费、通讯费、保全费、保全担保费等。

(七)自违约方违反本协议约定及法定义务之日起,所需支付的任何款项按以下顺序清偿:(1)守约方为实现权利而支付的费用。(2)利息或违约金、损失赔偿金。(3)租金、电费等费用。

第十条　通知的送达

(一)与本合同有关的通知、回复及其他任何联系,可通过书面形式,应由专人当面送达、发送电子邮件或以特快专递方式送达。双方确定的通知送达的地址如下:

甲方:_____

通信地址:_____

邮编:_____

收件人:_____

联系电话:_____

传真号:_____

电子邮箱:_____

乙方:_____

通信地址:_____

邮编:_____

收件人:_____

联系电话:_____

传真号:_____

电子邮箱:_____

(二)如由专人当面送达的,交付签收当日视为已送达;通过电子邮件方式送达的,在发出电子邮件时视为送达;以特快专递方式送达的,信件投寄之日起的第 3 日视为已送达;若以传真、E-mail 形式传递,则以通知进入乙方指定接收系统之日为送达之日。

(三)一方变更与通知有关的事项的,应在 5 个工作日内将新的通信地址、邮政编码、收件人和联系电话等以书面的形式通知另一方并得到该方的确认,如怠于通知给相对方或已方造成损失的,由违约方承担。

(四)甲方依照本合同约定解除合同的,解除合同通知送达乙方之日起,合同解除。

第十一条　免责条件

(一)由于发生地震、台风、水灾、战争以及其他不能预见并且对其发生后果不能防止或避免的不可抗力事故造成不能履行合同的。

(二)租赁物如遇国家征用、城市规划及市场发展需要改建,而出现甲方不得不终止合同情况的,不视为任何一方违约,但甲方需提前15日书面通知乙方,乙方应无条件服从安排;对已收取剩余租赁期限的租金,应退还给乙方。

第十二条　争议解决办法

本合同在履行中如发生争议,双方应协商解决,协商不成时,可向甲方所在地人民法院提起诉讼。

第十三条　其他约定

(一)甲方应当提供营业执照、组织机构代码证、税务登记证、收款账户、产权证明、法定代表人身份证、签约代表人及联系人身份证等证照复印件,并加盖公章;甲方公司名称、地址及联系人发生变更的,须在变更后及时书面通知乙方。或甲方应当提供身份证复印件给乙方。

(二)一方违约另一方行使合同解除权的,或双方协商解除合同且对本合同约定的违约责任未予变更或取消的,本合同中约定的违约责任条款仍然继续有效,守约方有权依据该条款追究违约方的违约责任。

第十四条　附则

(一)本合同未尽事宜,经双方协商作出补充规定,补充规定与本合同具有同等法律效力。

(二)本合同一式叁份,甲方执贰份,乙方执壹份,均具有同等法律效力。本合同自双方签字或盖章之日起生效。

(以下无正文)

甲方:　　　　　　　　　　　　　乙方:

法定代表人:　　　　　　　　　　法定代表人:

(或授权代表人):　　　　　　　　(或授权代表人):

地址:　　　　　　　　　　　　　地址:

联系电话:　　　　　　　　　　　联系电话:

合同签订时间:　　　年　　月　　日

合同签订地点:

附录16　装修合同协议书(样本)

装修合同协议书(样本)

发包人(全称)：_____

承包人(全称)：_____

根据《中华人民共和国合同法》《中华人民共和国建筑法》及有关法律规定,遵循平等、自愿、公平和诚实信用的原则,双方就_____施工及有关事项协商一致,共同达成如下协议。

一、工程概况

1. 工程名称：_____。

2. 工程地点：_____。

3. 工程立项批准文号：_____/_____。

4. 资金来源：__自筹__。

5. 工程内容：指挥部驻地租用房屋进行装修、改造,并新建会议室、食堂、厨房、篮球场、5人制足球场等生活设施,新建进场道路,围墙,并对部分场地进行改造。

6. 工程承包范围：

(1)对租用房屋进行装修改造,主要施工内容为房间地面和卫生间进行改造、装修,部分墙面粉刷;(2)新建会议室(板房),员工食堂及厨房(一层砖房);(3)新建标准篮球场、5人制足球场(含6米高围栏);(4)新建进场道路;(5)驻地范围内其他项目的改造施工。

实际施工内容以施工时采购人根据现场情况的具体要求为准。

二、合同工期

计划开工日期:具体以实际的开工指令为准。

计划竣工日期：__开工后__日历天__。

工期总日历天数：____天。工期总日历天数与根据前述计划开竣工日期计算的工期天数不一致的,以工期总日历天数为准。

三、质量标准

工程质量符合　合格　标准。

四、签约合同价与合同价格形式

1. 暂定合同价为:人民币(大写):＿＿＿＿＿＿＿＿＿＿＿＿＿＿＿＿＿＿＿

(小写):￥＿＿＿＿＿＿＿元

2. 合同价格形式:单价合同。

五、项目经理

承包人项目经理:＿＿／＿＿＿＿。

六、合同文件构成

本协议书与下列文件一起构成合同文件:

1. 成交通知书(如果有)。

2. 投标函及其附录(如果有)。

3. 专用合同条款及其附件。

4. 通用合同条款。

5. 技术标准和要求。

6. 已标价工程量清单或预算书。

7. 图纸。

8. 其他合同文件。

在合同订立及履行过程中形成的与合同有关的文件均构成合同文件组成部分。

上述各项合同文件包括合同当事人就该项合同文件所作出的补充和修改,属于同一类内容的文件,应以最新签署的为准。专用合同条款及其附件须经合同当事人签字或盖章。

七、承诺

1. 发包人承诺按照法律规定履行项目审批手续、筹集工程建设资金并按照合同约定的期限和方式支付合同价款。

2. 承包人承诺按照法律规定及合同约定组织完成工程施工,确保工程质量和安全,不进行转包及违法分包,并在缺陷责任期及保修期内承担相应的工程维修责任。

3. 发包人和承包人通过招投标形式签订合同的,双方理解并承诺不再就同一工程另行签订与合同实质性内容相背离的协议。

八、词语含义

本协议书中词语含义与第二部分通用合同条款中赋予的含义相同。

九、签订时间

本合同于_____年___月___日签订。

十、签订地点

本合同在_____签订。

十一、补充协议

合同未尽事宜,合同当事人另行签订补充协议,补充协议是合同的组成部分。

十二、合同生效

本合同自双方法定代表人或其委托代理人签字或盖章并加盖单位章后生效。

十三、合同份数

本合同一式____份,均具有同等法律效力,发包人执____份,承包人执____份。

发包人:(盖章)　　　　　　　　　承包人:(盖章)

法定代表人或其委托代理人:　　　　法定代表人或其委托代理人:
(签章)　　　　　　　　　　　　　(签章)
地址:　　　　　　　　　　　　　　地址:
邮政编码:_____　　　　　　邮政编码:_____
法定代表人:_____　　　　　法定代表人:_____
委托代理人:_____　　　　　委托代理人:_____
电话:_____　　　　　　　　电话:_____
传真:_____　　　　　　　　传真:_____
统一社会信用代码:_____　　统一社会信用代码:_____
开户银行:_____　　　　　　开户银行:_____
账号:_____　　　　　　　　账号:_____

附录 17 办公设备(用品)需求表

××高速公路有限公司
部门办公设备(用品)需求表

部门：　　　　　　　　　　　　　　　　　　　　　年　　月　　日

序号	物品名称	数量	单位	备注
1				
2				
3				
4				
5				
6				
7				
8				
9				
10				
11				
12				
13				
14				
合计				

部门负责人：　　　　　　经办人：

附录18 入库验收单

广西××××××有限公司(物品名称)入库验收单

制表日期：　　　　　　　　　　　　　　　　　　　　　　单位:元

序号	采购日期	物品名称	单位	数量	单价	金额	存放地点	备注
合计								

验收人：　　　　　　　　　　　经办人：

附录 19 办公设备（用品）领用登记表

××高速公路有限公司办公设备（用品）领用登记表

序号	物品名称	数量	单位	领用人	领用日期	备注
1						
2						
3						
4						
5						
6						
7						
8						
9						

附录 20　开工现场会请示样例

×××公司关于举行 ×××高速公路
开工现场会的请示

×××××××××：

××高速公路是《广西高速公路网规划(2018—2030 年)》对接贵州的省际通道"纵 10"天峨(黔桂界)至北海高速公路——"贵阳—贵州平塘—天峨—凤山—巴马—南宁—北海"高速公路的重要组成部分。项目是贯彻落实自治区"三大定位"的重要举措,将推动国家进一步实施西部大开发战略、打造中国—东盟自由贸易区升级版、加快构建西部陆海新通道,同时是对广西高速公路网体系的补充和完善,将为促进广西经济持续健康发展,加快构建"东融、西合、南向、北联"的全方位开放发展格局提供有力的交通支撑。

××公司拟举行××高速公路开工现场会,现就有关事项请示如下。

一、开工现场会时间及地点

(一)时间:拟定于××年××月××日(星期×)××时××分。

(二)地点:××市××区××镇××村。

具体由自治区交通运输厅确定。

二、参会人员

拟邀请自治区领导、区直有关部门领导、××市、××市及沿线县区政府领导,现场会规模约××人。

三、主要议程

会议拟由广西交通投资集团领导主持。

(一)广西交通投资集团负责人介绍项目情况;

(二)××市领导讲话;

(三)××市领导讲话;

(四)自治区交通运输厅领导宣布××高速公路开工。

妥否,请批示。

附件:1.××高速公路开工现场会方案。(略)
   2.××高速公路开工现场会选址及行车路线。(略)

                                        ×××公司
                                    ××年××月××日

(联系人及电话:)

附录 21　开工现场会方案样例

××高速公路开工现场会方案

（××年××月××日）

根据自治区的统一部署,定于××年××月××日上午在××市××区××镇××村召开××高速公路开工现场会。为确保现场活动顺利进行,制定本方案。

一、现场会名称

××高速公路开工现场会。

二、现场会时间

××年××月××日(星期×)××时××分。

三、现场会地点及路线

(一)地点

××市××县××镇××村。

(二)路线

1. 从南宁市区出发

……

……

2. 从×××市出发

……

……

注意事项:自行前往现场人员请于××月××日上午××前抵达××市××县××镇××村开工现场等候。

四、拟邀请的领导及嘉宾

(一)自治区交通运输厅、发展改革委有关单位领导;

(二)××市及××区、××县政府主要负责人(由××市人民政府负责通知并自行组织前往现场);

(三)广西交通投资集团相关领导;

（四）××高速公路参建单位领导及员工代表。

参加活动人员规模控制在××人以内。

五、行程安排

（一）××参加通车现场会相关领导抵达××市××区××县××镇××村参观展板。

（二）××召开××高速公路开工现场会。

现场会由广西交通投资集团领导主持。

1.广西交通投资集团负责人介绍项目情况；

2.××市领导讲话；

3.××市领导讲话；

4.自治区发改委领导讲话；

5.自治区交通运输厅领导宣布"××高速公路开工"。

（三）××时××分现场会结束。

六、其他事项

（一）现场会由××公司具体承办。现场会悬挂横幅1条，不设主席台，不铺红地毯，不挂空飘标语，不摆鲜花，不放鞭炮，不安排礼仪引导，不安排警车前导等。严格按照中央八项规定有关要求做好会务工作，坚持既隆重喜庆又节约简朴的原则。

（二）为确保开工现场会顺利进行，请交警、路政、公安等相关单位做好交通疏导和会场安保工作。

（三）邀请区、市主流媒体进行宣传报道。

附录22 高速公路开工现场会分工安排表

××高速公路开工现场会分工安排表

序号	板块	时间	工作内容	具体安排	负责人	具体落实人	备注
1	指挥协调组	××月××日—××日	跟踪确定自治区领导等上级单位及集团领导、高投领导和参会人员前往通车现场情况,并安排车辆接送领导至会场	陪同及联系			
				车辆安排			
				对接有关政府			
				住宿			
2	现场布置组	××月××日—××日	提前明确礼仪公司和广告公司落实现场会布置及工作要求: 1.负责现场会的统筹协调、检查督促等日常事务; 2.负责活动现场协调指挥工作; 3.对接集团、高投办公室落实参会领导	现场布置			
		××月××日—××日	负责场地平整,搭建简易休息区、摆放桌椅、摆放宣传展板,队伍方块及车辆停放区画线和现场其他布置工作	现场布置			
		××月××日—××日	负责安排简易休息区桌椅、相关资料、签到表、笔、茶水、抽纸摆放工作	现场布置			
3	会场后勤	××月××日—××日	1.负责现场打印(计算机、打印机、粉白A4纸)、资料更改等; 2.负责反光服(50)、安全帽(50)、矿泉水(10箱)、雨伞(30把)、雨衣(80件)等物品的准备和发放、回收	会场后勤			
		××月××日—××日	负责组织并安排会场音响设备安装、调试	会场后勤			
		××月××日—××日	专人负责递话筒及领导站位图(地标)	会场后勤			

续上表

序号	板块	时间	工作内容	具体安排	负责人	具体落实人	备注
4	资料组	全程	负责代拟集团公司领导讲话稿、主持词	拟稿			
		全程	完成领导交办的其他文稿任务	拟稿			
5	现场接待组	全程	自治区领导	集团领导			
		全程	自治区交通运输厅、发展和改革委员会、自然资源厅等区直单位领导及相关处室负责人	高投领导			
		全程	会场当地政府领导及沿线县有关部门负责人				
		全程	集团公司领导及相关从业单位员工代表	安排			
6	宣传组	全程	负责现场展板、宣传标语、新闻通稿的撰写（送集团公司领导审定）	高投党群部			
		全程	负责联系并组织新闻媒体前往现场报道				
		全程	负责现场会的摄影、摄像工作，对内对外的新闻报道				
7	其他	××月××日—××日	制作4块不锈钢板架；制作彩绘背景板内容	提前安排			
			制作安放会场指引牌，并派人引导				
			分区域划定停车位，指挥并引导现场车辆停放牌				
			制作项目标识的安全帽、反光服				
			准备1台发电机、备用移动音箱				
			准备机械设备摆放指定位置				
			准备2个移动式临时卫生间及大水桶				

附录23　开工现场会邀请函示例

××公司关于邀请出席××—××高速公路开工现场会的函

××市人民政府：

在贵市各级各部门的大力支持下，××××段项目顺利推进，具备了开工条件。根据自治区统一部署，我集团拟召开××—××高速公路开工现场会，具体如下：

一、现场会时间及地点

××年××月××日（星期×）××时××分，××××村，位于××××××方向左侧路旁。

二、议程

（一）广西交通投资集团负责人介绍项目情况；

（二）××市领导讲话；

（三）××市领导讲话；

（四）广西交通运输厅领导讲话并宣布×××高速公路项目开工。

诚挚邀请贵市领导及市直相关部门出席指导，具体由贵市安排并组织前往会场。

联系人及电话×××，电话××××。提醒：……

感谢贵市的大力支持！

此函

附件：1. 参会回执。（略）

　　　2. 通车现场会地点二维码。（略）

×××公司

年　月　日

附录 24　参会回执表

参会回执

序号	姓名	单位及职务	联系方式	备注

附录 25　开场词样例

开场词样例

尊敬的各位领导、各位嘉宾,同志们,欢迎各位来到×××参加××高速公路开工现场会,现场会准备开始,请各位领导、嘉宾、方块队入场就位。请广西××有限公司××主持会议,大家鼓掌欢迎!

附录26　主持词样例

××高速公路开工现场会主持词

×××(××年××月××日)

各位领导、各位来宾,同志们:

根据自治区统一部署,今天,我们在这里举办××高速公路工程开工现场会。首先,由我介绍出席会议的领导和嘉宾,他们是:×××、×××……

参加现场会的还有××市、××市相关部门及沿线政府有关领导、地方群众代表、项目指挥部代表以及新闻媒体的朋友们。让我们以热烈掌声,对各位领导、嘉宾的到来表示热烈欢迎!

今天的会议有3项议程,现在逐项进行。首先,请广西交通投资集团×××同志介绍项目情况。大家欢迎!

……

下面,请××市长××同志致辞,大家欢迎!

……

下面,请交通运输厅或(×××市市长)×××同志讲话并宣布项目开工,大家欢迎!

开工现场会到此结束。

谢谢大家!

附录 27 督办事项登记表

督办事项登记表

序号	督办事项	督办内容	主办部门/办理人	协办部门/办理人	分管领导	交办时间	办结时限	办理情况	备注

附录 28 证照（复印件）使用申请表

项目公司
证照（复印件）使用申请表

使用部门			使用人	
用途				
证照(复印件)种类		名称		份数
部门领导意见				
公司领导意见				
综合部负责人确认				
备注				

附录29 证照借用申请表

项目公司
证照借用申请表

借用部门		借用人	
借用证照名称			
用途			
借用时间		归还时间	
部门领导意见			
公司领导意见			
综合部负责人确认			
备注			

附录30 车辆维修审批表

项目公司
车辆维修审批表

年　　月　　日

报修部门		牌号	
驾驶员		车型	
里程		修理厂	
事由	（填写维修的主要原因、可能更换的配件及预估维修费用）		

续上表

鉴定小组或综合部管理员意见	
综合部负责人意见（<2000元）	
分管领导意见（2000~5000元）	
主管领导意见（≥5000元）	

附录 31 车辆行驶记录登记表

车辆行驶记录登记表

车牌号：　　　　　　　　　　　　　　　　　　　　　　　　年　　月

日期	出车		行车线路	用车部门	用车人	驾驶员	收车		加油(充电)		备注
	时间	里程读数					时间	里程读数	数量（升/度）	金额（元）	

制作要求：1.版面大小为 A5 纸张，一式份，单面打印。

2.现有表格、字体及其大小不能改动。页边距左右不调整，上下可调整。

3.纸张厚度：52g。

附录 32 车辆日检项目登记表

车辆日检项目登记表

受检车号：　　　　　　　　检查人：　　　　　　　年　　月　　日

序号	项目	检查内容及其要求	是否合格
1	车容车貌	玻璃明亮无损伤，车身外观整洁无损伤	
2		门窗无变形，开关自如，门锁完好	
3		驾驶室、车厢内整洁、无杂物、物品摆放、装载整齐	
4	发动机	清洁、不漏水、不漏油、不漏电。皮带无破损、松紧适度	
5		机油、冷却液量符合要求。起动迅速、怠速稳定、加速灵敏	
6	转向系	无漏油，横直拉杆球头无松旷，方向灵活有效	
7	制动系	制动液面或制动气压符合要求，不漏油、不漏气	
8	传动系	不漏油，自由行程符合要求，不打滑、分离彻底	
9		半轴螺旋坚固	
10	轮胎	轮胎气压正常，磨损正常不超限，螺母坚固	
11	电气设备	灯光、喇叭、刮水器、仪表工作正常	
12	原配装备	随车证件、工具、备胎、灭火器、安全标志齐全有效	

注：由驾驶员每日检查并据实在"是否合格"一处填写检查结果后及时上交车管员，合格打√，不合格打×，并在不合格内容下划线标明。

附录 33　食堂盈亏统计表

广西××高速公路有限公司食堂××××年盈亏统计表
（××××.01.01—12.31）

月份	收入						支出							本月盈亏	本年累计盈亏	备注
	伙食补贴	接待餐	会务工作餐	其他收入	存款利息	收入合计	日常员工伙食采购	食堂用品（油、米等）	接待菜品采购	会议菜品采购	其他支出	手续费	支出合计			
年初余额																
1月																
2月																
3月																
4月																
5月																
6月																
7月																
8月																
9月																
10月																
11月																
12月																
合计																

附录 34　职工食堂盘点明细表

职工食堂盘点明细表

种类	单位	数量	单价(元)	金额(元)	备注
金龙鱼花生油	桶				
上林金丝苗米	斤				
柱侯酱	桶				
黄豆酱	瓶				
白醋	瓶				
红醋	瓶				
红油腐乳	瓶				
陈醋	瓶				
老抽	瓶				
生抽	瓶				
番茄酱	瓶				
鸡精	包				
味精	包				
蚝油	桶				
盐	包				
马蹄粉	包				
面条	把				
黄豆	斤				
面粉	斤				
生粉	斤				
白糖	斤				
奶粉	包				
合计					

审核人：　　　　证明人：　　　　盘点人：　　　　购买人签字确认：

附录35 固定资产入库验收单

固定资产入库验收单

单位名称：　　　　　日期：　年　月　日　　　金额单位：　元

序号	资产名称	规格型号	金额	数量	计量单位	成新率	增加方式	管理部门	使用部门
合计金额	大写：					小写：			
供货单位：					发票号码：				

资产管理部门：　　　财务部：　　　使用部门：　　　采购经办人：

附录36 固定资产盘点表

固定资产盘点表

填制单位(部门)：

固定资产使用部门：

地点：

盘点日期：

序号	固定资产编号	固定资产名称	计量单位	账面数量	实盘数量	盘盈(＋)盘亏(－)	备注

资产管理负责人：　　　　　监盘人：　　　　　盘点人：

附录 37 固定资产报废清单

固定资产报废清单

单位名称： 　　　　日期： 年 月 日　　　　金额单位： 元

序号	条形码	资产编码	资产名称	资产类别	规格型号	购入日期	已计提折旧月份	剩余月份	本币原值	累计折旧	净值	数量	使用部门	管理部门	备注（报废原因）

审核：

制表人及电话：

附录38 固定资产报废鉴定表

固定资产报废鉴定表

企业名称					资产名称	
固定资产基本情况	资产编号		资产类别		规格型号	
	制造厂商				使用部门	
	购买日期		可使用年限		剩余年限	
	账面原值		累计折旧		账面净值	
报废原因						
被鉴定资产现场勘查情况 签章 　　　　　　　　　　　　　　　　　年　　月　　日						
技术鉴定意见 签章 　　　　　　　　　　　　　　　　　年　　月　　日						
固定资产管理部门意见 负责人签章 　　　　　　　　　　　　　　　　　年　　月　　日						
本企业对该资产报废鉴定意见 企业签章 　　　　　　　　　　　　　　　　　年　　月　　日						

附录39　召开通车现场会请示样例

××××××关于召开×××高速公路通车现场会的请示

自治区交通运输厅：

在自治区党委、政府正确领导和自治区交通运输厅等各部门、沿线地方政府关心支持下，经过广大建设者两年多艰苦奋战，××至××高速公路（以下简称××高速）即将建设完成，达到通车条件。××高速建成通车，有利于……，促进……，形成我区新的经济增长带具有重要意义。

为激励广大交通建设者再接再厉、建功新时代，推动我区交通发展再上新台阶，……，我集团公司拟召开××高速公路通车现场会，现就有关事项请示如下：

一、通车现场会时间及地点

（一）时间：拟定于××年××月××日（星期×）××时××分。

（二）地点：××××××。

二、参会人员

拟邀请自治区领导、区直有关部门领导、××市及沿线县区政府领导，现场会规模约××人。

三、主要议程

会议拟由广西交通投资集团领导主持。

（一）广西交通投资集团负责人介绍项目情况；

（二）××市领导讲话；

（三）自治区交通运输厅领导讲话；

（四）自治区领导宣布×××高速公路建成通车。

以上妥否，请批示。

附件:1.××至××高速公路通车现场会活动方案。(略)
  2.××至××高速公路通车会场选址示意图及行车线路图。(略)

           广西×××××有限公司
             年 月 日

(联系人及电话:)

附录40　通车现场会方案样例

××高速公路通车现场会方案
(××年××月××日)

根据自治区的统一部署,定于××年××月××日上午在××市××区××镇××村召开××高速公路通车现场会。为确保现场活动顺利进行,制定本方案。

一、现场会名称

××高速公路通车现场会

二、现场会时间

××年××月××日(星期×)××时××分

三、现场会地点及路线

(一)地点:××××××××

(二)路线

1. 从××××出发

……

2. 从××××市出发

……

注意事项:自行前往现场人员请于××月××日××时××分前抵××××通车现场等候。

四、拟邀请的领导及嘉宾

(一)自治区交通运输厅、发展和改革委员会有关单位领导;

(二)××市及××区、××县政府主要负责人(由××市人民政府负责通知并自行组织前往现场);

(三)广西交通投资集团相关领导;

(四)××高速公路参建单位领导及员工代表。

参加活动人员规模控制在××人以内。

五、行程安排

（一）××时××分参加通车现场会相关领导抵达现场会参观展板。

（二）××时××分召开××高速公路通车现场会。

现场会由广西交通投资集团领导主持。

1. 广西交通投资集团负责人介绍项目情况；

2. ××市领导讲话；

3. ××市领导讲话；

4. 自治区发展和改革委员会领导讲话；

5. 自治区交通运输厅领导宣布"××高速公路通车"。

（三）××时××分现场会结束。

六、其他事项

（一）现场会由×××有限公司具体承办。现场会悬挂横幅1条，不设主席台，不铺红地毯、不挂空飘标语、不摆鲜花、不放鞭炮、不安排礼仪引导、不安排警车前导等。严格按照中央八项规定有关要求做好会务工作，坚持既隆重喜庆又节约简朴的原则。

（二）为确保通车现场会顺利进行，请交警、路政、公安等相关单位做好交通疏导和会场安保工作。

（三）邀请区、市主流媒体进行宣传报道。

附图1　平面示意图

附录41　通车现场会分工安排表

<h1 style="text-align:center">××至××高速公路通车现场会分工安排表</h1>

序号	板块	工作内容	负责人	具体落实人	完成时间节点	备注
1	指挥协调组	1.负责现场会的统筹协调、检查督促等日常事务； 2.负责活动现场协调指挥工作； 3.落实受邀单位、集团公司参会领导				
2	外部联络组（安全、运营保障组）	负责联系当地政府、交通部门协助做好现场会各项活动安排工作				
		负责联系属地公安部门做好安全保卫工作，以及交通疏导工作				
		协调交通等主管部门，确保收费运营顺利进行				
		1.负责协调安排路勤、路政人员主要路段路口值岗、引导； 2.负责引导××方向车辆从前往会议现场				
		协调在广西境内高速公路可变信息标志滚动播放内容				
		确认参会人员名单、乘车方式、车牌号、到达时间： 1.负责联系自然资源厅、市及沿线地方政府； 2.负责联系自治区交通运输厅、发展和改革委员会； 3.负责联系自治区人民政府国有资产监督管理委员会等其他单位				

续上表

序号	板块	工作内容	负责人	具体落实人	完成时间节点	备注
3	现场布置组	安排好参加现场会领导的站位、引导(需有地标),安排好嘉宾、参建单位代表、各县区代表等方队区域划分及引导入列工作;做好站位示意图				
		安排好领导嘉宾休息室,安排摆渡车接送领导嘉宾从服务区休息室到会场				
		负责摆放宣传展板、音响摆放(3个立式话筒)、队伍方块及车辆停放区画线和现场其他布置工作				
		负责安排相关资料折叠页(××份)、茶水摆放等工作				
		负责布置: 1.通车会会标:"××至××高速公路建成通车"; 2.标语(2条、红底黄字):"广西交通投资集团勇担交通强国新使命""不忘初心跟党走、牢记使命勇担当"等; 3.展板(3块,规格4m×2m):《集团简介》《××路简介》《南疆驰道 绿色精品》3块展板				
4	资料组	负责起草集团公司领导讲话稿				
		完成主持辞及领导交办的其他文稿任务				
		负责缮印主持辞、会议议程(××份)、领导讲话稿、站位示意图与会人员名单等材料				
5	现场接待组	负责现场会期间领导、嘉宾和工作人员的接待、引导工作				
		领导休息室茶水服务				

续上表

序号	板块	工作内容	负责人	具体落实人	完成时间节点	备注
6	后勤组	负责矿泉水(15箱)、雨伞(50把小、20把大)、一次性雨衣(100件)、折页(170份)、会议议程(100份)等物品的准备和发放,准备安全帽(100顶)				
		负责预订12月8日晚酒店(××间),安排领导、嘉宾及工作人员9日午餐(××人)				
		负责与××县政府对接,落实安排午餐事宜				
		专人负责递话筒				
		负责了解现场会举行当天天气情况				
7	车辆组	负责现场会车辆安排,协调指挥车辆停放等				
8	宣传组	负责宣传标语、宣传板内容、折页的撰写、审核和送集团公司领导审定				
		负责广西日报、中国交通报宣传专版材料撰写及刊登;新闻通稿的撰写(送集团公司领导审定)、发放工作				
		负责联系广西日报、广西广播电视台等媒体记者				
		撰写受访者(业主、地方政府、村民各1人)稿件				
		协调受访者(业主、地方政府、村民各1人)				
		负责现场会的摄影、摄像工作,内部新闻稿编报				
		项目美图收集、通车员工感言视频、最美建设者				

附录42　通车现场会邀请函样例

××公司关于邀请出席××—××高速公路通车现场会的函

××市人民政府：

在贵市各级各部门的大力支持下,××—××高速公路顺利推进,具备了通车条件。根据自治区统一部署,我集团拟召开××—××高速公路通车现场会,具体如下：

一、现场会时间及地点

（一）时间：××年××月××日(星期×)××时。

（二）地点：××××。

二、议程

（一）广西交通投资集团负责人介绍项目情况；

（二）××市领导讲话；

（三）××市领导讲话；

（四）广西交通运输厅领导讲话并宣布××—××高速公路项目通车。

诚挚邀请贵市领导及市直相关部门出席指导,具体由贵市安排并组织前往会场。联系人及电话×××,电话××××。

感谢贵市的大力支持！

此函

附件：参会回执

×××公司
年　月　日

附件

参会回执

序号	姓名	单位及职务	联系方式	备注

附录43 通车现场会上的致辞样例

××高速公路通车现场会上的致辞
（代拟稿）

各位领导、各位来宾：

在全市人民砥砺奋进,加快建设交通强国之际,××高速公路今天正式通车建设,这是××市乃至全区交通基础设施建设的大喜事,也是全区人民的大喜事。在这里,我代表沿线的××高速公路段顺利通车建设表示热烈祝贺,对项目建设者致以崇高敬意!

近年来,××市贯彻自治区党委、政府决策部署,加快建设交通强国,纵深推进面向东盟的金融开放门户建设,加快西部陆海新通道建设,全面对接粤港澳大湾区发展,公路、铁路、民航、水路立体交通网络,区域性国际综合交通枢纽建设不断取得突破,特别是多条高速公路直接贯通大西南出海通道,形成"一环五射二横一纵"的高速公路网络。多年来,广西交通投资集团积极参与××市交通基础设施建设,建成通车……等一批高速公路项目,为××市经济社会发展作出突出贡献。××高速公路通车建设,必将进一步完善提升××市高速公路网络,助推××市经济社会发展,奠定良好的交通基础,也充分体现自治区党委、政府对××市的关心支持。借此机会,向自治区交通运输厅、广西交通投资集团等各级各部门给予××市宝贵支持表示衷心感谢!

下一步,希望广西交通投资集团××—××高速公路××至××段项目指挥部精心组织、科学管理,加快建设进度,确保质量安全,早日实现项目建成通车。××市各级各部门要落实责任、主动作为、积极服务,抓好征地拆迁、施工环境维护等工作,为项目建设创造良好条件。希望自治区各部门、社会各界继续关注××市发展,我们将推进"三大定位"使命的建设,积极实施"强首府"战略,加快建设广西自贸试验区××片区、面向东盟的金融开放门户、中国—东盟信息港××核心基地,与全区人民一同"建设壮美广西,共圆复兴梦想"。

最后,祝愿××—××高速公路××至××段早日顺利建成通车,祝各位领导、各位来宾、广大建设者身体健康、工作顺利、万事如意!

附录44 项目介绍发言稿样例

××高速公路通车现场会项目介绍发言
×××(××年××月××日)

尊敬的××市长,各位领导、各位来宾,同志们:

根据自治区党委、政府工作部署,在自治区有关部门和(沿线市政府)×××市的大力支持下,××高速公路前期工作顺利推进,已具备通车建设条件。

××高速公路是《广西高速公路网规划》的"联23"线,是……联络线。本项目全线位于××市境内,全长××公里,采用双向四车道高速公路建设标准,设计时速××公里。主线设置桥梁××座,隧道××座,桥隧比××,××处互通立交,××处服务区,××处匝道收费站。项目估算总投资约××亿元,计划建设工期××年。本项目的建设,将进一步畅通区域高速路网"微循环",促进区域旅游开发合作,推动经济社会发展。

××高速公路连接线工程筹建工作启动以来,自治区发改委、交通运输厅、自然资源厅等部门加强指导,开辟审批"绿色通道";××市各级党委、政府给予大力支持,积极配合开展线位选址、水保环评、用地预审等前期工作,为项目建设快速推进创造了良好的条件。项目建设指挥部勇担使命、统筹协调,紧紧依靠自治区、沿线地方政府和集团公司的支持,与各方面共同努力,迅速实现通车建设。

下一步,集团将贯彻自治区党委、政府决策部署,发挥好交通建设主力军作用,全力指导支持××高速公路工程建设。项目建设指挥部要认真贯彻"快、好、省"理念,坚持高标准设计、高质量建设、高效率管理,按照"起步就要提速、开局就要争先"的工作要求,全力以赴推进××高速公路建设,助力地方经济发展。衷心希望××市等各级各部门一如既往关心支持项目建设,在加快征地拆迁、营造良好施工环境等方面给予协调支持,力争项目早日建成通车。

最后,祝××高速公路工程建设顺利,祝各位领导、各位来宾身体健康、工作顺利、万事如意!

附录45　开场词样例

开　　场

尊敬的各位领导、各位嘉宾,同志们,欢迎各位来到×××参加××高速公路通车现场会,现场会准备开始,请各位领导、嘉宾、方块队入场就位。请广西××××有限公司××主持会议,大家鼓掌欢迎!

附录46　通车现场会主持词

<h2 style="text-align:center">××高速公路通车现场会主持词</h2>

×××(××年××月××日)

各位领导、各位来宾,同志们:

根据自治区统一部署,今天,我们在这里举办××高速公路工程通车现场会。首先,由我介绍出席会议的领导和嘉宾,他们是:×××、×××……

参加现场会的还有××市、××市相关部门及沿线政府有关领导,地方群众代表,项目指挥部代表,以及新闻媒体的朋友们。让我们以热烈掌声,对各位领导、嘉宾的到来表示热烈欢迎!

今天的会议有3项议程,现在逐项进行。首先,请广西交通投资集团×××同志介绍项目情况。大家欢迎!

……

下面,请××市长××同志致辞,大家欢迎!

……

下面,请交通运输厅或(×××市市长)×××同志讲话并宣布项目通车,大家欢迎!

通车现场会到此结束。

谢谢大家!